PENDEL-PRAXIS

Natürliche Kräfte in Strahlungen

von

A. Frank Glahn

Band III (von VI)

Die Pendellehre von A. Frank Glahn in 6 Bänden

Portrait und Signatur von A. Frank Glahn um 1933
aus "Die Begriffene Astrologie", Uranus-Verlag, Memmingen, 1933.

Weitere Bücher aus dem Bohmeier Verlag (www.magick-pur.de):

Der Gebrauch des Pendels (Band I), *von A. Frank Glahn,* ISBN 978-3-89094-671-9
Metall, Mineral und Pflanze (Band II) *von A. Frank Glahn,* ISBN 978-3-89094-672-6
Natürliche Kräfte in Strahlungen (Band III) *von A. Frank Glahn,* ISBN 978-3-89094-673-3
Seele und Geist – Charakter und Anlagen (Band IV) *von A. Frank Glahn,* ISBN 978-3-89094-674-0
Der Körper, Krankheit und Heilmittel (Band V) *von A. Frank Glahn,* ISBN 978-3-89094-675-7
Magie der Symbole – Der spirituelle Pendel – Radio des Geistes (Band VI) *von A. Frank Glahn,* ISBN 978-3-89094-676-4
Das deutsche Tarotbuch *von A. Frank Glahn,* ISBN 978-3-89094-452-4
Die Pendel-Diagnose - Ein Verfahren zur Feststellung der inneren Krankheiten des Menschen *von Dr. med. E. Clasen,* ISBN 978-3-89094-527-9
Liebes- und Krankheitsamulette - Talisman Turc, Ursprung und Wesen Magischer Quadrate *von Ferdinand Maack,* ISBN 978-3-89094-612-2
Die Magie des Raumes und der Zahl, Die heilige Mathesis *von Ferdinand Maack,* ISBN 978-3-89094-614-6
Goethe als Okkultist *von Prof. Max Seiling,* ISBN 978-3-89094-566-8

Friedrich, Heinrich, August Glahn (* 18.01.1865 in Linden, Hannover; † 06.02.1941 in Hollenstedt), zunächst Theosoph, später Freimaurer. Er war einer der bekanntesten deutschen Astrologen in der ersten Hälfte des 20. Jahrhunderts. Er publizierte als okkulter Schriftsteller zahlreiche Werke über Astrologie (entwickelte die nach ihm benannte *Glahn-Methode* der Horoskopdeutung), Kabbala, Runen, Pendeln und Tarot (zu diesem Buch verfasste er auch ein Kartendeck, *Das deutsche Tarot-Buch* auf kabbalistisch-astrologischer Grundlage). Am 15.02.1916 erschoss seine Frau vier der gemeinsamen Kinder und kam danach in eine Irrenanstalt. Dies führte letztlich auch Glahn in eine schwere persönliche Krise. Bekannt wurde er durch *Uranus* (Glahns astrologischer Volkskalender), und seine Arbeiten zur Radiästhesie, sowie durch seine 6-bändige *Pendel-Bücherei.* Sein Tarot-Buch wurde, wie einige andere seiner Bücher, in der NS-Zeit verboten und vernichtet. Andere Werke scheinen ab 1933 eine Hinwendung zur NS-Regierung zu zeigen (wobei seine persönliche Intention unklar bleibt.). Wir konnten trotz ausführlicher Recherche keinen Rechteinhaber ausmachen. Sollte es dennoch Rechteinhaber geben, bitten wir um Nachricht.

ISBN 978-3-89094-673-3

Inhaltsverzeichnis

Hinweis des Verlages

Wir weisen darauf hin, dass das Auspendeln von Krankheiten, Beschwerden und Heilungsmethoden nur von einem geübten Pendler ausgeführt werden sollte. Zudem sollten Sie unbedingt den ärztlichen Rat suchen (auch um Ihre Ergebnisse zu verifizieren)! Der Bohmeier Verlag ist frei von jeden Ansprüchen bezüglich des Gebrauchs oder Missbrauchs der in diesem Buch gegebenen Hinweise.

Die Schreibweise der Erstausgabe wurde beim Neusatz beibehalten. Dies umfasst auch verschiedene Schreibweisen, die heutzutage nicht mehr üblich sind. Frank Glahn verwendet den Begriff „*der* Pendel" obwohl dies heute als falsch anzusehen ist. Üblicherweise sagen wir heute „*das* Pendel". Wir haben hier aber dem Original aus stilistischen Gründen den Vorzug gegeben zumal dies ausdrücklicher Wunsch von Frank Glahn war.
Korrekturen auf inhaltliche Fehler wurden vorgenommen, jedoch ohne den Charakter der Erstausgabe zu verfälschen oder den Text inhaltlich zu ändern.
Alle Anmerkungen und Erläuterungen und Ergänzungen des Verlages sind mit einem Kürzel versehen (rs.) oder (D. V.). Alle anderen Fußnoten waren schon im Original vorhanden und wurden natürlich übernommen (*kursiv*).

Wir wünschen Ihnen viel Erfolg bei Ihren Pendel-Arbeiten!

Vorwort zur ersten Auflage

Mit diesem Band betrete ich Neuland für die Pendelforschung. Ein Gebiet, das aber noch weite aufzuhellende Strecken hat.
„Von Strahlen umgeben!“ kann man ausrufen.
Und hinzufügen: „Von ebenso vielen schlecht wirkenden wie guten!“
Die Kenntnis aller Strahlen hat eine Umstellung schlechter Lebensgewohnheiten zur Folge. Sie ermöglicht eine Verlängerung des Lebens, Verminderung aller Quälereien und Leiden.
Wo bleibt da die Mechanisierung der Kräfte?
Wo die fälschlich behauptete Gleichheit der Menschen?
Im Pendel haben wir einen scharfen Kritiker, der unbestechlich ist, wenn er richtig geführt wird![1]
Die Physik kommt uns mit Entdeckungen zu Hilfe. Die Auflösung der festen Materie in Raum, Kraft und Strahlung vernichtet den Materialismus in der Weltanschauung.
Viel ist entdeckt, viel ist noch zu entdecken.
Im Hintergrund meldet sich aus dem forschenden Geist die sagenhafte Vril-Kraft[2] an.
Wir stehen an Wendepunkten von ungeheurer Wichtigkeit!

A. Frank Glahn

---

1 Der Autor verwendet durchgehend den Begriff „der Pendel“ im Gegensatz zu der heute meist üblichen Bezeichnung „das Pendel“. (rs) Wir haben dies so belassen, (D. V.)

2 Mit Vril-Kraft ist die freie Energie gemeint, die auch als Od, Chi, Orgon, Prana, Biophotonen-, Nullpunkt-, Tachyonen-, Vakuumenergie, Pyramidenenergie oder kosmische Energie bezeichnet wird. (rs)

Vorwort zur zweiten Auflage

Wellen und Strahlen, beide eine Sache bezeichnend, treten immer mehr in den Vordergrund, auch bei der Wissenschaft. Die Erforschung des Lichtes hat zu Ergebnissen geführt, welche die Physik an die Grenze der Metaphysik brachten. Die *Planck*sche[3] Quantentheorie streitet mit der Wellentheorie von *Huygens*,[4] beide Theorien lassen sich beweisen. Und dann kommt *Otto Brühlmann*[5], verwirft beide und betrachtet das Licht als eine geistige Angelegenheit.

Die Beschäftigung mit all diesen Strahlungen ist sehr lohnend für die eigene Erkenntnis, weil dadurch ein Eingang in die uns umgebende strahlende Welt gewonnen wird. Wer das Ganze kennt, versteht später die Einzelheiten genauer! Die hierbei gewonnene Schulung vermindert die Möglichkeit von Fehlern. Denn der Mensch ist ja selbst eine Welt im Kleinen, er strahlt selbst aus und zieht Strahlen an. Entstehen dabei Unstimmigkeiten, so schaden sie dem Körper und der Seele, und damit der Wesenheit, die den Charakter einschließt. Ich rate dazu, den Menschen von diesem Gesichtspunkt aus zu erforschen, nicht als eine Absonderung, sondern als ein Spiegelbild kosmischer Kräfte. Der Blick in die Weiten des Kosmos und auf die Ganzheit Erde schärft das Verständnis für den Klein-Kosmos Mensch. Wer diese Untersuchungen überblättert, hat Nachteile auf den folgenden Sondergebieten. Darum steht dieser Band vor den folgenden, die das Auspendeln des Objektes Mensch lehren. Diese zweite Auflage ist erweitert durch neueste Forschungsergebnisse.

Bargteheide, 11. März 1936, A. Frank Glahn

---

[3] Gemeint ist der deutsche Physiker Max Planck (1858-1947), begründer der Quantentheorie, welche die Physik grundlegend umgestaltete. Seine Hauptarbeitsgebiete waren Strahlungstheorie und Thermodynamik, 1918 bekam er den Nobelpreis. (rs)

[4] Christiaan Huygens (* 14.04.1629 in Den Haag, † 08.07.1695, Den Haag) arbeitete auf allen Gebieten der Wissenschaft, die in seiner Zeit Interesse erweckten: Astronomie, Optik und Mechanik. ... Mit der Optik befasste sich Huygens intensiv, da er bessere Linsen und Fernrohre fertigte. Sein Buch ‚Traite de la lumiere' veröffentlichte er erst im Jahre 1690, als er in der Lage war, die Doppelbrechung zu deuten, auf die ihn 1669 Erasmus Bartholinus aufmerksam gemacht hatte, - eine seiner bedeutendsten Leistungen. Er benutzte dazu die von ihm entwickelte Wellentheorie des Lichts, mit der er schon vorher fundamentale optische Erscheinungen erklärt hatte. Er wird deshalb als Begründer der Wellentheorie des Lichts bezeichnet, obwohl Francesco Maria Grimaldi schon früher, nämlich 1665, die Anwesenheit verschiedener Farben im weißen Licht auf Welleneigenschaften zurückzuführen versuchte. Besonders wichtig in dem Buch ‚Traite de la lumiere' ist Huygens' Formulierung des Huygenschen Prinzips, dessen Gültigkeit weit über den Rahmen der Optik hinausgeht. Mit seiner Hilfe konnte Huygens die geradlinige Ausbreitung des Lichts, seine Reflexion und Brechung verständlich machen. Quelle: Armin Hermann ‚Lexikon - Geschichte der Physik A-Z, Aulis-Verlag Deubner & Co KG 1978. (rs)

[5] Otto Brühlmann schrieb unter anderen: „Licht und Kraft in der Physik“ 1924. Bis 1961 wurde eine große Zahl von wissenschaftlichen Büchern über Physik und Licht, u. a. auch über den Zusammenhang mit der Relativitätstheorie, von ihm veröffentlicht. (rs)

Sternstrahlungen

Also soll der Pendel als Beweismittel für die Astrologie herangezogen werden? Gewiss, wenn es noch nötig wäre! Wir wissen jedoch, dass der Physiker Martin Ziegler die Strahlen der Planeten in Eisenlinsen aufgefangen und konzentriert hat. Er konnte die Wirkung einwandfrei feststellen, zuerst an seinem Arm, der durch die Venusstrahlen gelähmt wurde (vorübergehend, versteht sich), und an kleinen Tieren, die durch die Strahlen sofort getötet wurden. Mittels Selenzellen sind die Strahlen der Planeten gemessen worden.
In der Natur haben wir jedoch die natürlichen und nicht konzentrierten Planetenstrahlen. In meinem astrologischen Werk habe ich empfohlen, sich ruhig im Angesicht eines Planeten hinzusetzen, die Augen auf den Wandelstern gerichtet. Es wird nicht lange währen, dann findet eine psychische Beeinflussung statt. Dann ist die von den Astrologen behauptete Natur der Planetenwirkung an sich selbst zu beobachten. Die Seele wird dementsprechend erregt. Dasselbe ist mit Fixsternen zu erproben und da wird aus eigener Erfahrung die Wirkung erkannt.
Heute ist das keine Sache zum Lachen mehr. Im Gegenteil, die kosmischen Strahlungen sind einwandfrei festgestellt worden. Sie kommen am stärksten aus Fixsternnebeln, namentlich aus dem Nebel im Sternbild Andromeda. Es sind die Ultra-Gamma-Strahlen. Wenn wir nicht durch die feuchte Atmosphäre geschützt wären, würde die Wirkung recht oft verhängnisvoll sein.

„Die Entdeckung der *Existenz von kosmischen Strahlen* ist das Merkwürdigste in der physikalischen Forschung. Die Entdeckung wurde schon im Jahr 1906 gemacht. O.W. Richardson hat angenommen, dass ein Teil der durchdringenden Strahlen von einer außerirdischen Quelle kommt. Aber diese Hypothese, die auch von W. Kolhörster vertreten wurde, erweckte Zweifel. Die Instrumente waren unvollkommen und voller Fehlerquellen. Es gab „Erdstrahlen" von radioaktiven Mineralien in der Erde, „Reststrahlen" von den Verunreinigungen in den Wänden der Messapparate und „Höhenstrahlen" von aktiven Luftgasen. Die Einwirkung der meteorologischen Faktoren, besonders von Luftdruck und Luftelektrizität, war auch unbekannt. Beobachtungen von verschiedenen Forschern mit verschiedenen Methoden – im Freiballon, mit Registrierballons, mit Flugzeugen und in hochgelegenen Bergstationen – stimmten auch kaum überein. Das Misstrauen wuchs, als der berühmte Nobelpreisträger Professor Millikan, der die deutschen Studien (die durch den Krieg erschwert worden waren), im Jahr 1921 wieder aufnahm und erklärte, dass die durchdringenden Strahlen gar nicht so durchdringend seien und energisch Kolhörsters Resultat bestritt.
Damit war jedoch keiner der beiden Forscher zufrieden und jeder arbeitete weiter mit besonderen Methoden und unter günstigeren Bedingungen. Nach diesen Experimenten scheint nun das Dasein der kosmischen Strahlen außer jedem Zweifel zu sein. Die kürzesten Strahlen, die gefunden wurden, haben eine Wel-

lenlänge von 0,0002 Angström[6], ungefähr hundertmal kleiner als die Gammastrahlen des Radiums, die bis jetzt als die kürzesten oder meist hochfrequenten galten. Ihre Schlagkraft ist so groß, dass sie eine Wassersäule von etwa 57 Meter Höhe oder einen Bleipanzer von 5 Meter Dicke durchdringen können.
Prof. H. v. Zeipel, der diese Tatsachen bei der Zusammenkunft der astronomischen Gesellschaft vortrug, berührte auch die hochinteressante Frage der Herkunft dieser Strahlungen. Auf Grund der kolossalen Energie, die entwickelt wird, denkt man, dass die hochfrequenten Äthervibrationen bei Elementveränderungen im Weltraum ausgesandt werden. Nun kommt aber die Frage: *Wo* geschieht das alles? In der Sonne, den Sternen, in kosmischen Nebeln oder im interstellaren Weltraum, der sicher nicht so leer ist, wie man dachte?
Die Sonne kann aus mehreren physikalischen Gründen nicht die Quelle der kosmischen Strahlen sein, auch nicht die Sterne. Nur Nebelschleier sind dünn genug zum Passieren der Strahlen. Weil die Gasnebel anscheinend gleichförmig in der Milchstraße verteilt sind, müsste die Intensität der Strahlungen abhängig sein von der augenblicklichen Stellung der Milchstraße an unserem Himmel und ein Maximum erreichen, wenn dieses Band den Zenit passiert.
So scheint es auch zu sein. Eine neue Untersuchung ist gerade jetzt veröffentlicht worden von dem schwedischen Meteorologen *Dr. Lindblom* am Observatorium in Davos (Schweiz) und *Dr. Hoffmann* in Königsberg, die mit verbesserter und besonders genauer Apparatur zeigen, dass deutlich ein Zusammenhang zwischen der Intensität der kosmischen Strahlung und der Sternlaufzeit besteht und zwar so, dass die Strahlen das Maximum erreichen, wenn die Milchstraße am höchsten steht.
Die Untersuchungen sind noch nicht abgeschlossen. Die Resultate müssen also noch als vorbereitend gelten. Das Rätsel ist noch nicht gelöst. Ob es überhaupt gelöst werden kann von unserem kleinen Aussichtsbalkon?“

Dr. v. –k

Der fortgeschrittene Pendler kann nun die Kräfte dieser Strahlen erproben! Allerdings muss er verstehen, sich am Himmel zu orientieren, wozu eine Sternkarte oder besser ein Sternatlas heranzuziehen ist. Am einfachsten ist die Auspendelung von Planeten, weil diese leicht erkennbar sind. Später können die Fixsterne erster Ordnung vorgenommen werden. Der Pendler hält den Pendel

---

6 Das Ångström ist eine nach dem schwedischen Physiker Anders Jonas Ångström benannte Einheit der Länge (Einheitenzeichen: Å, Formelzeichen: *l*, 1 Å = 10^{-1} nm = 10^{-4} µm = 10^{-7} mm = 10^{-10} m). Das Verwenden dieser Einheit entspricht nicht der SI-Norm. Sie wird aber in manchen Bereichen noch benutzt, um mit „einfachen“ Zahlenwerten arbeiten zu können. Insbesondere in der Kristallographie ist das Å noch weit verbreitet. 1 Å ist die typische Größenordnung für Atomradien und Gitterabstände. Aus dem gleichen Grund wird Ångström als Einheit deshalb gern für bestimmte atomare Wellenlängen verwendet. Zitiert nach: de.wikipedia.org. (rs)

zwischen Auge und Himmelskörper, er fixiert den Stern über die Pendelspitze weg. Die aufgefangenen Strahlen lassen sich untersuchen, wie ein Lichtbild untersucht wird! Selbstverständlich ist auch zu erkennen, ob die Strahlung für sich selbst günstig oder nachteilig ist.
Diese Untersuchungen sind zu empfehlen für Astrologen, die sich von den Wirkungen nun auch physikalisch überzeugen können. Zumal bei zweifelhaften Kräften kann hier eine Untersuchung nützlich sein.

Pendelungen mit der Sonne

Sonne ist Leben. Sonnenstrahlen gehen nur in Lebendiges ein.
Da ich lebe, so gehen die Sonnenstrahlen auch in mich ein. Wo mein Körper gesund ist, finde ich einen einfachen Süd-Nord-Strich. Wo eine chronische Krankheit ist, wie an meinen Ohren, bleibt er stehen! Ich habe eben eine langwierige Influenza überstanden, meine Bronchien sind noch recht empfindlich, da bildet der Pendel flache Kreise. Ich erkenne daran eine besondere Heilwirkung der Sonnenstrahlen.
Andererseits finde ich auch Stellen, die besser vor Sonnenstrahlen zu schützen sind.
Nun nehme ich eine Anzahl Lichtbilder und stelle sie in die Sonne. Bei Verstorbenen rührt sich der Pendel nicht: Die Sonnenstrahlen gehen nur in Lebendiges ein.
Ich nehme Bilder von Lebenden, zuerst eins von mir: Ich erhalte dieselben Pendelausschläge wie bei der Untersuchung des Körpers selbst in der Sonne.
Nehme weiterhin Lichtbilder und pendele sie in der Sonne aus. Ich stelle sie senkrecht auf, im Winkel der einfallenden Strahlen. Den Pendel führe ich vor den einzelnen Körperteilen vorüber: Wo die Spitze des Pendelschattens ist, erhalte ich die Ausschläge des darunter oder dahinter befindlichen Organs.
Nimm Schriftstücke, verehrter Leser, und pendele sie in der Sonne aus: Du wirst erstaunt sein!
Da ist ein Bekannter im Lichtbild vertreten, von dem ich seit vielleicht 1½ Jahren nichts erfahren habe, er ist im Ausland. Der Pendel verharrt in Ruhe! Wie ... tot? Sollte er ... Gleich setze ich mich hin und schreibe ihm einen Brief und erkundige mich nach seinem Befinden. Wie lautet die Auskunft? Ja, tot, er hat den Freitod gewählt...
Ich bin erschüttert.

Die Ausschläge des Pendels sind nicht immer von gleicher Stärke. Beim Sonnenaufgang sind sie schwächer als beim mittäglichen Hochstand. Offenbar sind sie aber heilkräftiger für stärkungsbedürftige Körperteile, denn die Kreise über diesen Teilen sind am Morgen stärker, sie nehmen an Stärke mit der aufsteigenden Sonne ab. Am stärksten sind die Ausschläge, wenn der Pendel zwischen Sonne und Auge ist.

- Die Abendsonne wirkt durchweg schwächer.
- Vorlagernde Wolken dämpfen, ohne den Pendel zum Stillstand zu bringen.
- Konjunktionen von Planeten sind bedeutungsvoll.
- Die Sonnenstrahlen geben Kraft, Energie, sie sind trocken und heiß, sie wärmen daher und trocknen aus. Sie erregen.

Pendelungen mit dem Mond

Vollmondperiode. Der Pendel schlägt schmale Ellipsen, und zwar über männlichen Objekten links herum, über weiblichen rechts herum, was demnach eine reine Umkehrung ist!

- Wolken dämpfen auch in diesem Fall.
- Über Lichtbildern von Verstorbenen ebenfalls wie bei der Sonne Pendelstillstand.

Beim Auspendeln von Frauen, die beim Auspendeln einen Querstrich über dem Gehirn ergeben, bekam ich sofort Kopfweh, als ich die Lichtbilder durch die Mondstrahlen auspendelte. Da spielt offenbar die Beziehung des Mondes zum Gehirn mit.

Die Mondstrahlen befördern die Feuchte, das Vermehren, daher auch Schimmel und Fäule. Wo sie auf kranke Stoffe fallen, fördern sie das Verderben, die Auflösung. Sie wirken beruhigend.

Auspendelung von Sternen

Über die Pendelspitze wird der Stern fixiert. Dann erhält man Pendelausschläge, meistens sind es Strahlen, die auf den Pendler zukommen. Es ist jedoch etwas schwierig, einzelne Sterne zu fassen, da die Planeten immer auch den Einfluss des Sternbildes mitzupendeln scheinen. Je höher der Stern steht, umso schwieriger wird das Pendeln.

Die Versuche, die einzelnen Sternstrahlungen durch das Teleskop zu isolieren und am Okular die Strahlkraft durch den Pendel zu prüfen, sind einigermaßen gelungen. Der Pendel hat jedoch noch keine erkennbare Ausdrucksmöglichkeit für die Verschiedenartigkeit der Strahlkräfte. Außer dem geraden S-N-Strich, der länglichen Ellipse, kommen keine Pendelausschläge vor. Die Auspendelung der Mondstrahlen durch das Teleskop ergab ebenfalls keine neuen Ergebnisse.

Ich kann nicht sagen, dass ich neue Erkenntnisse dabei gewonnen hätte. Gilt es überhaupt Strahlungen festzustellen, so ist der Beweis leicht zu führen. Was jedoch die Wirkung angeht, so habe ich gefunden, dass ich mit psychischer Be-

eindruckung weiter gekommen bin. Daher habe ich dieses Gebiet nicht weiter gepflegt.
Wir können uns von dem Vorhandensein kosmischer Feinkraftstrahlen mittels des Pendels überzeugen. Dazu dient der leichte Bernsteinpendel. Wir stellen uns nach den verschiedenen Himmelsgegenden hin und erhalten Ausschläge. Wenn sie günstig sind, kommen sie in gerader Linie auf uns zu, sind sie ungünstig, schlägt der Pendel Querstriche. Die Stärke der Strahlung bestimmt auch die Stärke des Ausschlages.
Dazu ein Beispiel: Mein Arbeitszimmer liegt genau nach Osten, die Mittelachse des Raumes fällt fast gradgenau auf die reine Ostlinie. Das Fenster ist 2½ Meter hoch. Außerdem habe ich kleinere Fenster nach Süd und Nord. Hier beobachte ich das Aufgehen aller Gestirne und wenn ich mich vor mein großes Fenster stelle, erhalte ich die verschiedensten Ausschläge. Besonders, wenn die Sonne aufgegangen ist, erhalte ich die geraden Zuschläge auch bei bewölktem Himmel. Als ich heute früh das Zimmer betrat, erhielt ich eine kalte abstoßende Einstrahlung. Wir haben Ostwind, der gerade auf das Fenster bläst. So auch gestern und da habe ich einen dünnen Vorhang zugezogen, der das Licht nur wenig blendet, jedoch einen Windschutz, eine Abschirmung bedeutet. Ist es nun die Kälte? Denn wir haben eben unter Null draußen, es hat in der Nacht etwas geschneit. Ich nehme den Pendel und erhalte heftige Querstriche. Das ist das Zeichen von nachteiligen kosmischen Feinkraftstrahlen, welche der Gesundheit so nachteilig sind. Nun gilt es zu untersuchen, ob es tatsächlich die Kälte ist, die so unangenehm auf mich einwirkt. Ich wende mich seitlich rechts und links und erhalte auf mich zukommende günstige Strahlen. Ich gehe in ein Westzimmer, ebenfalls günstig. Ich gehe in ein ungeheiztes Westzimmer, wo die Fenster geöffnet sind, es also um wenigstens 10–12 Grad kälter ist als vor meinem großen Fenster im Arbeitszimmer. Stelle mich vor das offene Fenster und erhalte günstige Striche. Nun drehe ich mich um gegen die Wand nach Osten, wo kein Windhauch hereinkommen kann. *Ich erhalte denselben ablehnenden Querstrich, wie vor dem Fenster im Arbeitszimmer.* Denn die kosmischen Strahlen machen vor keiner Wand halt!
Inzwischen ist die Sonne aufgegangen, allerdings durch eine Nimbuswolke[7] verdeckt. Auf den Querstrich hat das keinen Einfluss! Die wohltätige Kraft der Sonne ist aufgehoben durch die kosmische Einstrahlung. Diese kommt mit dem Wind von Osten. Es ist Mitte März, wo ich dies schreibe, es ist die Zeit der Äquinoktialstürme, die Zeit, wo es Katastrophen gibt und so schnell Personen krank werden und sterben.

---

[7] Die Nimbuswolke bringt Regen. Sie ist eine Mischform aus der Kumuluswolke (Haufenwolke), Zirruswolke (die höchsten Wolken aus Eiskristall) und Stratuswolke (Schichtwolke) und sieht meist sehr dramatisch aus.
Zitiert nach: www.br-online.de/kinder/ fragen-verstehen/wissen/2003/00276. (rs)

Wir können auch die aktiven Strahlungen des Bodens unter uns auspendeln, im Zimmer selbst, dann im Freien. Sind die Strahlungen günstig, so erhalten wir auch günstige Ausschläge. Ich erhalte z. B. auf dem Sandboden, auf dem das Haus steht, ruhige Kreise. In Hagen, meiner früheren Wohnung, war es anders, da hatte ich zuckende Querschläge. Infolge dessen sank meine geistige Kraft und ich musste den Aufenthaltsort wechseln.

Wie bemerkt, sind die Bodenausstrahlungen radiumaktiver Natur und diese sind schädlich, wenn sie dauernd den Menschen treffen. Auch scheint es richtig zu sein, dass alle Strömungen, oberirdischer wie unterirdischer Art, aktive Strahlungen aussenden. Es gibt auch in der Tiefe der Seen Strömungen, so zum Beispiel eine sehr starke Strömung im Bodensee. Auch im Ozean sind solche vorhanden, von Norden nach Süden. Ein solcher Strom kommt an der marokkanischen Küste nach oben und verursacht eine verhältnismäßige Abkühlung, das Seewasser ist dort kühler als an der spanischen Küste. Das liefert wieder eine Erklärung für das von A. Müller hervorgehobene unterschiedliche Befinden der Seeleute in gewissen Gewässern.

Drei amerikanische Astronomen haben die elektromotorische Kraft von Gestirnen nach der Einheit – 1 Kerze auf eine Selenzelle in 10 Fuß[8] Entfernung – gemessen und dabei ermittelt:

Jupiter:	3,272
Alpha Orionis:	0,685
Aldebaran:	0,279
Procyon:	0,261.

Sonnenflecke beeinflussen Nerven und Psyche bei Menschen und Tieren – *von Ärzten festgestellt!* Die Zahl der Sterbefälle ist von Sonnenflecken und Mondkonstellationen abhängig – *von Ärzten festgestellt!*

Ebenso die Häufung und Minderung von Krankheiten!

Höhenstrahlungen haben die vorher unbekannte Wellenlänge von 0,0004 Angström-Einheiten. Die daraus folgende Schwingungszahl in der Sekunde ist 1000-mal so groß als bei Röntgenstrahlen, 10-Millionen-mal größer als die des Lichtes.

---

8 Das Fuß genannte Längenmaß ist sicher neben der Fingerbreite, der Handbreite, der Handspanne, der Elle und dem Schritt eine der ältesten Längeneinheiten. Sie wurden wohl schon vor der Erfindung der Schrift benutzt. Ein Fuß beträgt stets ungefähr 30 cm, was immerhin der Schuhgröße 45 entspricht. ... Das internationale Einheitenzeichen ist heute ft. für engl. foot bzw. feet, oft auch abgekürzt mit einem einfachen geraden Anführungszeichen: '. In der Wissenschaft gilt international das dezimale metrische Maßsystem ohne Fuß. Wo er im technischen Bereich noch vorkommt (Luft- und Seefahrt) gilt heute weltweit weitgehend der internationale Fuß („angelsächsischer Kompromissfuß“ von 1959), der zwölf internationalen Zoll á 2,54 cm also exakt 30,48 cm oder einem Drittel Yard entspricht. (1 ft. = 1' = 12 in. = 1/3 yd. = 30,48 cm = 0,3048 m).
Zitiert nach: www.adlexikon.de/Fuss_Masseinheit.shtml. (rs)

Erdmagnetismus

Von einem Pol zum anderen gehen die Ströme und Strahlungen des Erdmagnetismus. Der Magnetismus strahlt, denn das Nordlicht ist eine magnetische Strahlungserscheinung, bis an die 100 Kilometer in die Stratosphäre reichend. Die Aura der Erde ist eine magnetische Strahlung und schließlich gibt es magnetische Stürme. Der Mensch ist verschiedenartig polarisiert, das ist bereits in dem ersten Buch dieser Reihe durch Abbildung erklärt worden.[9] Genauso die Erde, der Nordpol ist negativ, der Südpol positiv.

Ungleichnamige Polarität zieht an, gleichartige stößt ab. Das weiß heute jedes Schulkind. Daraus folgt, dass auch die Himmelsrichtungen nicht unwichtig sind. Das ist durch Versuche ausreichend bewiesen worden. Auch Osten ist positiv, Westen negativ.

Unsere vordere Körperseite ist positiv, unsere Rückenseite negativ.

Daraus ergibt sich zwangsläufig eine Folgerung: Wir werden von den negativen Polen angezogen, von Nord und West. Im Großen gesehen: Der Zug nach dem Westen. Die Völkerwanderung um die Erde, denn Japan ist das Westland für Amerika.

Im Kleinen: Wir schlafen nur gut, wenn die Füße Richtung Süden liegen, der Kopf im Norden liegt. Wir arbeiten am besten und ausdauerndsten, wenn wir mit dem Gesicht nach Nord oder West sitzen oder stehen.

Ich verweise auf die Literatur, hier gilt es nur die Tatsache zu erhärten. Das wollen wir mit dem Pendel versuchen.

Es wird auch behauptet, das Traumleben sei geringer und weniger beängstigend, wenn in Nord-Süd-Richtung geschlafen werde. Manche Menschen sollen jedoch besser schlafen, wenn die Füße nach Norden liegen.

Mit dem Blick nach Osten halten wir unseren leichten Füll- oder Bernsteinpendel vor die Stirn, in einem Abstand, dass wir die Ausschläge beobachten können. Nach Osten – Querstrich, nach Süden – Querstrich bis Stillstand. Nach Westen – starke Ausschläge auf uns zu. Nach Norden dasselbe, jedoch eher etwas schwächer. Das stimmt überein mit den Forderungen, die in der Literatur niedergelegt sind.[10]

Zweiter Versuch: Der Pendel wird vor das Herz gehalten. Wir erleben dasselbe, nur gibt es keine Striche, sondern dreieckähnliche Figuren. Diese erscheinen verschieden groß und lebhaft.

---

9 Diese Abbildung ist auf dem Cover integriert. Sie ist wesentlicher Bestandteil aller Bände.

10 *Fr. Feerhow, Der Einfluß der erdmagnetischen Zonen auf den Menschen. Leipzig, Max-Altmann-Verlag 1912. K. v. Reichenbachs Schriften, namentlich „Odisch-magnetische Briefe“. Max-Altmann-Verlag Leipzig. H. Durville, Physik des Animalmagnetismus. Max-Altmann-Verlag Leipzig 1912.*

Würde ich in meinem Ostzimmer vor dem Fenster sitzen und in dieser Richtung arbeiten, wäre schnelle Abnahme der Arbeitsfähigkeit die Folge. Sowie ich vor das Fenster trete und die schöne Fernsicht betrachte, die sich daraus bietet, werde ich nur Aufnahmeorgan. Selbständiges Denken hört auf und wenn ich grübeln und nachdenken will, sitze ich mit dem Rücken zu dem Fenster.
Es wird behauptet, die Menschen wären nicht alle so empfindlich, ich glaube hingegen, sie sind nur unachtsam und glauben es ohne Erprobung verneinen zu können. Die Wirkung der verschiedenen Strahlen mag unterschiedlich stark sein, vorhanden ist sie sicher. Man merkt es in gewissen Eigenheiten. Wandert östlich in Gemeinschaft, so werdet ihr schweigsam, man stampft mechanisch weiter, ohne Lust und Stimmung. Dreht euch um und wandert westlich, dann wird sich die Freude wieder einstellen.
Das hat natürlich auch Einfluss auf Sportleistungen. Beim Fußball muss immer eine Mannschaft den Lauf gegen die gleiche Polarität richten, sie ist im Nachteil. Daher versagen Mannschaften in der einen Spielhälfte und gewinnen in der andern. Immer wird jene Mannschaft im Vorteil sein, die in der zweiten Hälfte gen Westen oder Norden spielt. Rekorde können nur dann aufgestellt werden, wenn die westliche oder nördliche Richtung genommen wird. Die westliche ist am günstigsten.
Es hängt auch mit dem Erdmagnetismus zusammen, wenn wir am tiefsten und ruhigsten schlafen, mit der Richtung nach Westen und in der Lage auf der rechten Seite. Mit dem Herzen hat das nichts zu tun! Auch ist die Bauchlage befriedigender als die Rückenlage, in der es niemand längere Zeit mit Behagen aushält.
Die Kirchen haben vornehmlich den Altar im Osten stehen, dagegen die Kanzel gen Westen. Die meisten Bänke sind nach Osten gerichtet. Wenn der Priester vor dem Altar steht und betet, ist er in kosmisch ungünstiger Lage, die sich zu seinen Gunsten ändert, wenn er sich den Zuhörern zuwendet, die während des ganzen Gottesdienstes ungünstig sitzen. Nur wenn die Sonne am Morgen hell scheint und kein Druck von Osten kommt, sitzt die Gemeinde günstig, nie aber nachmittags oder abends.
Der Dogmatiker hat die Vorteile über alle Zuhörer, die östlich oder südlich sitzen, d. h. mit dem Gesicht in diese Richtungen sehen. Die kühlen Beurteiler eines Vortrages müssen sich mit dem Gesicht nach Nordwesten setzen.
Wem es möglich ist, die Schlachtfelder und Stellung der Truppen daraufhin zu untersuchen, wird sicherlich dabei auch die Folgen der günstigen oder ungünstigen Stellungen bemerken. Mehrere untersuchte Schlachtenpläne bestätigen den Einfluss. Sicherlich konnten die Deutschen die Westfront so lange halten, weil sie obendrein die beste Richtung für sich hatten. Die Grenze konnte leicht gehal-

ten werden, der Vormarsch südlich von Belgien wurde gleich in der Marneschlacht[11] zum Stehen gebracht. Da ging es gegen die falsche Richtung.

Messung der radioaktiven Erdausstrahlungen

Da diese in geradem Strom aufsteigen, kann der Pendel sie nicht ohne weiteres angeben. Wir müssen hierbei unterscheiden zwischen dem Untergrund als Quelle der Ausstrahlung und der Ausstrahlung selbst. Den Boden können wir auspendeln, wie bereits gezeigt, die verschieden starke Ausstrahlung nicht. Hier nehmen wir einen kleinen Spiegel zu Hilfe. Wir halten zuerst den Pendel auf den Boden – es kann das auch im Wohnhaus in jedem Stock vorgenommen werden – mit der Aufgabe, die Bodenstrahlung anzuzeigen. Der Pendel bleibt ruhig. Jetzt halten wir den Spiegel an die Pendelhaltung, etwas schräg, damit der vom Spiegel aufgefangene Strahl auf den Pendel zurückfällt. Jetzt wird der Pendel sich in Bewegung setzen! Wer diese Untersuchungen regelmäßig machen will, lässt sich in einen kleinen runden Reklamespiegel ein Loch bohren und führt den Pendelfaden hindurch, dann braucht der Spiegel nicht schräg gehalten zu werden.

Die radioaktiven Ausstrahlungen entstammen nach den Forschungen den oberen Schichten des Bodens. Sie sind dicht über dem Boden am stärksten und nehmen mit der Höhe ab. In einer Höhe von 85 Meter wurde nur noch eine Strahlung von 50 % ermittelt, also nur noch die Hälfte der Bodenstrahlung. Daher sind Kellerwohnungen den radioaktiven Strahlungen am meisten ausgesetzt. Die erwähnte Abnahme ist jedoch nicht überall gleich, oft nimmt sie weniger ab, anderswo mehr.

---

[11] Die Schlacht an der Marne fand zum Beginn des 1. Weltkrieges vom 5. September 1914 bis 9. September 1914 statt. Sie wird häufig als das „Wunder an der Marne“ bezeichnet. Den Briten und Franzosen gelang es, in die durch den schnellen Vormarsch der Deutschen und die Eigenmächtigkeiten seiner Armeekommandeure entstandene 40 Kilometer breite Lücke zwischen der ersten und zweiten deutschen Armee vorzustoßen. Um eine drohende Umfassung der Truppen zu verhindern, ordnete das deutsche Oberkommando den Rückzug an die Aisne an. Insgesamt kamen in der Marne-Schlacht 550.000 Soldaten ums Leben. Das damit verbundene Scheitern des Schlieffenplans führte am 13. September 1914 zur Ablösung von Generalstabschef Moltke durch Erich von Falkenhayn und läutete den beinahe vier Jahre dauernden Stellungskrieg an der Westfront ein.
Zitiert nach: http://www.uni-protokolle.de/Lexikon/Marneschlacht.html (rs)

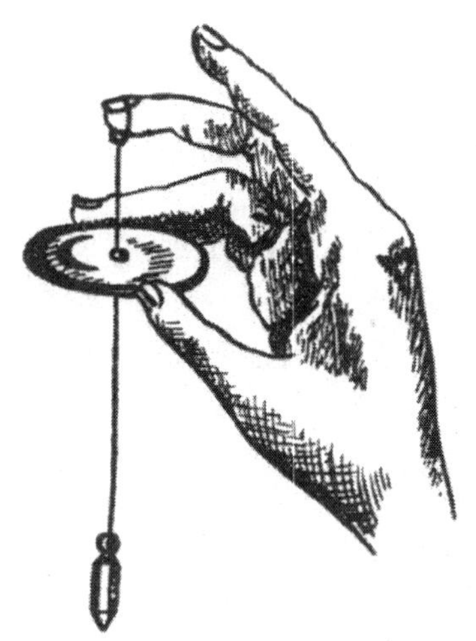

Von Paris wird berichtet, dass viele Personen die Untergrundbahn meiden, weil sie darin unpässlich werden, die Luft wäre so schlimm (= radioaktiv).
Hier erweist es sich, dass nicht alle Menschen gleich veranlagt sind, einige verhalten sich viel empfindlicher gegenüber diesen Bodenstrahlungen.
Nun scheint es so zu sein, dass die kosmischen Feinstrahlungen die üble Wirkung der Bodenausstrahlung vermehren. Es ist ein Unterschied, ob der Himmel bewölkt ist oder nicht, ob die Luft elektrisch geladen und zu Gewittern geneigt ist oder nicht, ob es stürmisch ist oder ruhig. Hieraus ergeben sich die verschiedensten Wirkungen, die dann zu plötzlichen gleichartigen Krankheitsfällen führen. Wenn ein Einfluss der Jahreszeiten erkannt worden ist, dann sind es wohl astrologische Verhältnisse, die als Ursache zu bezeichnen sind. Die Sternbilder stehen nicht im ganzen Jahr gleichmäßig über unserem Kopf! Im Winter und Sommer steht der Zodiak[12] viel steiler, daher kommen auch die Sternbilder anders zu Wirkung.
Im Frühjahr und Herbst, in der Zeit der Gleichen, nimmt die Radioaktivität zu, es ist die Zeit zunehmender Erkrankungen. Eine andere Untersuchung hat ergeben, dass die Ausstrahlung am Tage geringer ist, dann gegen Mitternacht zunimmt, weiterhin bis zur Dämmerung abnimmt. Im selben Maß nehmen bei Kranken auch die Schmerzen zu.
Apotheker Alexander Müller in Bad Kreuznach erklärt: „In Kreuznach zieht auf die Sekunde der Typhus ins Land. Die Diphtherie, Asthma, Scharlach, Masern, Keuchhusten und Hautkrankheiten treten auf, sobald starke Emanationserhebungen ungewöhnlicher Art stattfinden. Bad Kreuznach hat einen stark radioaktiven Boden, die Ärzte haben daher mit „weiser“ Verkennung der Ursachen von Leiden Kreuznach das Radiumbad genannt!“
Wir können aus dieser Beobachtung den Schluss ziehen, dass die Sonnenstrahlung die Bodenausstrahlung zurückdrängt, während die Vollmondstrahlung die Radioaktivität begünstigt. Diese muss im Vollmond um die Tagesgleichen am stärksten sein. Die Sonnenstrahlung muss als die Heilstrahlung beurteilt werden. Sie hebt am Morgen, wenn der Himmel wolkenlos ist, die schädliche Strahlung von Osten auf.

---

12 „Zodiak“ ist ein anderes Wort für den Tierkreis und die Tierkreiszeichen (von griech. *zodiakos kyklos* „Kreis der Lebewesen”). (rs)

Wir müssen uns vorstellen, dass sich die Erde von West nach Ost dreht, gemäß der Lehre von Kopernikus. Jeder Wind bedingt kosmischen Druck, der entgegenkommt. Wie groß der Unterschied ist, kann erfahren werden, wenn erst gegen den Wind angegangen, dann umgedreht mit dem Wind gegangen wird. Die Wirkung ist gleich übel, wenn man stehen bleibt, am ungünstigsten, wenn der negative Rücken dem positiven Wind entgegen gerichtet wird. Die Drehung der Erde nach Ost bedingt einen dauernden Druck, der in der Stratosphäre einen ständigen Sturm von Ost nach West verursacht. Daher die schädigende Wirkung des positiven Ostens.
Nun sind wir in der Lage, durch den Pendel diese Verhältnisse kennen zu lernen. Einige bemerkenswerte Pendelergebnisse sind mit Hilfe eines kleinen Handspiegels zu erzielen. Mit dem Spiegel werden Feinstrahlen aufgefangen, der Bernsteinpendel oder der Füllpendel wird über den Spiegel gehalten. Mit jeder Drehung des Spiegels, der in der linken Hand gehalten wird, ändert sich die Pendellinie. Man erhält verschiedene gerade Linien, Ellipsen, Kreise.
Mit einem verstellbaren Rasierspiegel, der auf einen Tisch gestellt wird, lassen sich einzelne Sternpartien in die Spiegelung bringen, die dann ausgependelt werden. Hierbei kann es gelingen, einzelne Sterne, z. B. Planeten, auszupendeln, doch bleibt immer noch etwas Unsicheres dabei: Man weiß nicht, ob nicht der Fixsternhimmel einen Einfluss ausübt.

Versuche mit einem Spiegel

Bei den beschriebenen Versuchen, die zur Feststellung kosmischer Strahlkräfte dienten, stand der Pendler im Gesicht der Strahlenquelle, hinter dem Pendel. Da könnte ein Kritiker meinen, der Pendler habe seine eigene Ausstrahlung erpendelt.
Um diesem Einwand zu entgehen, stellen wir einen Spiegel so auf, dass der kosmische Feinstrahl darauf fällt. Der Pendler stellt sich nun mit dem Pendel 90 Grad seitwärts, also im rechten Winkel auf. Der Pendel wird vor den Spiegel gehalten. Zugleich ist der Pendel auch vor dem Pendler und nun muss es sich entscheiden: Zeigt er die Feinstrahlen des Kosmos an oder die des Pendlers. Er zeigt sofort die Strahlen des Kosmos an! Der Einfluss des Pendlers wirkt hingegen nicht!
Eine anschließende Überlegung: Wenn die Feinstrahlen den Spiegel treffen, so müssen sie abgelenkt weitergeworfen werden. Der Pendler führt seinen Bernsteinpendel rechts und links in die Ausstrahlungswinkel und er erhält wieder Ausschläge, nun in der Richtung der Zurückstrahlung!

Mein Erdpendel

Für alle aufsteigenden Strahlungen aus der Erde verwende ich folgenden Pendel, der sich ganz ausgezeichnet bewährt. Ich habe durch einen Stahlspiegel von 6 cm Kreisdurchmesser im Zentrum ein kleines Loch bohren lassen. Hindurch geht eine 40 cm lange dünne Silberkette. An dieser hängt ein Umschraubpendel von 85 Gramm Gewicht, jedoch ohne die Spitze, die ich hierbei ganz herausschraube. Somit bleibt die innere, trichterförmig verlaufende Höhlung offen. Darin fangen sich die Ausstrahlungen und der Pendel wird sehr leicht bewegt. Er ist sehr empfindlich, ohne nervös zu werden, wie das bei leichten Pendeln und damit ermittelten kräftigen Strahlungen oft der Fall ist. Der Spiegel wirft die aufsteigenden Strahlungen auf den Pendel zurück.

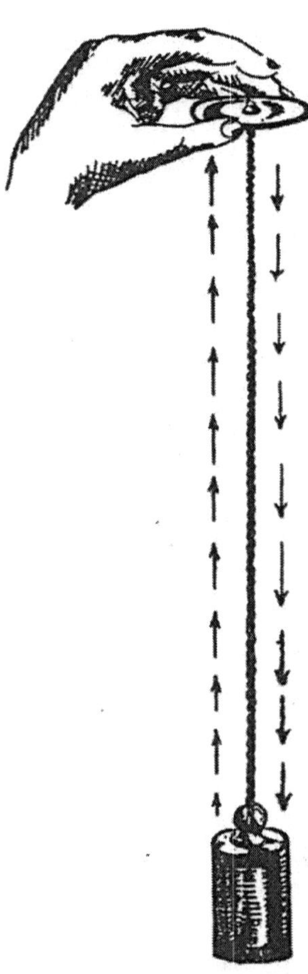

Der Strahlspiegel wird am Rand mit Daumen und Mittelfinger gehalten. Die Aufhängekarte wird nicht berührt.

Der erfahrene Pendler wird immer Pendelgewicht und Stärke der Strahlung angleichen, weder eignet sich ein schwerer Pendel für schwache Strahlungen, noch ein leichter für starke. Ein Missverhältnis ist immer vorhanden, wenn der Pendel unruhig wird, womöglich die Aufhängekette nicht in gerader Linie mitgeht, sondern für sich ausschlägt.

Unsachgemäß ist jeder Rat, der eine gleiche Fadenlänge etwa am Körper abzumessen empfiehlt. Mit der Pendelschwere muss der Faden oder die Kette in der Länge zunehmen. Man versuche nur, mit einem 3 Gramm schweren Pendel und 40 cm Länge der Aufhängung zu pendeln! Oder hänge an meine 40 cm einen Pendel im Gewicht von 450 Gramm, was meinem schwersten Umschraubpendel entspricht! Dann tritt der Unverstand deutlich in Erscheinung!

Die Wirkung des Spiegels ist zu erproben und diese Probe muss gemacht werden, damit keine Zweifel bestehen. Nimm einen einfachen zweiten Pendel. Zwischen Daumen und Mittelfinger der rechten Hand wird der Erdpendel gehalten. Er wird sich unbedingt in Bewegung setzen, immer kommen

Strahlungen herauf, die uns umfluten. Der zweite Pendel wird auf den Mittelfinger der linken Hand gehängt. Zunächst werden beide Pendel nebeneinander mit nötigem Zwischenraum gehalten. Der zweite Pendel wird nur kleine und unsichere Ausschläge machen. Dann halte ihn über den Spiegel des Erdpendels, er wird hier stehen bleiben oder doch nur sehr schwache Ausschläge machen, während der Erdpendel darunter sehr merkbare und klare Pendellinien zeichnet. Daraus geht zweifelsfrei hervor, dass der Erdpendel Strahlungen erhält, der darüber gehaltene Erdspiegel nicht. Die Stahlplatte ist für die Ausstrahlungen kein Hindernis, wie leicht an einer unpolierten Stahlplatte zu erkennen ist, die Politur reflektiert jedoch offenbar die aufkommenden Strahlungen.
Der Erdpendel wird uns auch begleiten, wenn wir nach Wasser oder Mineralien suchen werden, was im 2. Buch dieser Folge beschrieben ist.

Astrale Einflüsse

Wir haben demnach das Vorkommen von sehr ungünstig auf Nerven und Körper wirkenden kosmischen Strahlungen erkannt. Es liegt nahe, diese mit der Astrologie in Verbindung zu bringen. Hier kommt uns die ärztliche Wissenschaft mit ihren Feststellungen entgegen.
Alexander Müller ist der Schöpfer der Sepdelenopathie[13]. Er fand die Ursache der Leiden in den kosmischen Feinstrahlen und als Gegenmittel Elektrolyte, die durchaus im Sinn der Astrologie wirken. Hierüber mehr im Buch über Krankheit und Heilmittel der Pendelbücherei. Für alles Gesagte finden sich in diesen Schriften Beweise. Genug: Alle Epidemien sind auf die Feinstrahlen zurückzuführen. Da Alexander Müller Apotheker ist und seit Jahrzehnten seine Nachtkunden bedient, konnte er jedes Mal mit seiner Apparatur bei bestimmten Einstrahlungen die Wirkung in Gestalt von Nachtkunden sehen, die dann immer Mittel für dasselbe Leiden forderten, das urplötzlich in großer Heftigkeit eine größere Anzahl Menschen befallen hatte.
Das entspricht genau der Wirkung, die ich als Beispiel geschildert habe, wo mir beim Betreten meines Arbeitszimmers eine kalte, höchst unangenehme Strahlung entgegenkam.
Wer gezwungenermaßen solchen Einstrahlungen standhalten muss, wird schließlich die Herrschaft über seine Nerven verlieren und er wird falsch handeln. Wie viele Unfälle und üblen Vorgänge mögen wohl hierauf zurückzuführen sein? Wie oft kann sich der Mensch nicht erklären, woher plötzlich Unbehagen und Einbuße der Arbeitsfähigkeit kommt? Um sich aufzumuntern, greift er

---

13 Sepdelenopathie ist ein altes biologisches Heilverfahren. Der Name setzt sich aus „Sepsis“ (griechisch: Fäulnis) und „Deleo“ (lateinisch: ich zerstöre) zusammen. Es wird zur Entgiftung, Entschlackung und Entsäuerung eingesetzt. Heute ist Sepdelen als Nahrungsergänzungsmittel erhältlich. (rs)

zu Reizmitteln, die nur noch zerstörender wirken, wie Alkohol, Gifttabletten, Zigaretten usw. Es besteht die Möglichkeit, dass hiermit gelegentlich in der Tat eine Abhilfe erzielt wird, wenn das gewählte Reizmittel ein Hilfsmittel ist. Dann wirkt der Alkohol nicht berauschend und die Zigarette erfrischend. Umgekehrt werden Verfassung und Stimmung noch schlechter, die genossenen Reizmittel haben üblen Nachgeschmack und entsprechende Nachwirkung.
Der Astrologe sagt dann: schlechte Aspekte und Konstellationen ... Dafür gleich eine Beobachtung – man wird bemerken, dass ich für die kosmischen Strahlungen sehr empfindlich bin. Eben, während ich dies niederschreibe, fühle ich eine Änderung in der Strahlung. Vor einer Stunde war sie günstig, nun erscheint sie ungünstig. Ich nehme den Pendel und erhalte die Bestätigung. Ein Druck unter der Schädeldecke macht sich schmerzhaft bemerkbar.
Ich sehe nach und finde einen Aspekt von 135 Grad zwischen Sonne und Mond, der eben genau geworden ist.
Meine Abhilfe besteht darin, dass ich meine Arbeit in mein westlich gelegenes Zimmer trage und am dortigen Schreibtisch weiter arbeite. Das heißt, wenn die Einstrahlung meinen Rücken trifft, vermindert sich die üble Wirkung. Diese ist am heftigsten, wenn die Strahlen von vorn Gesicht und Sonnengeflecht treffen. Die Luft im Westzimmer ist angenehm, die im Ostzimmer richtig geladen, wie Gewitterluft. Der Unterschied ist sehr auffallend.
Hierbei ist einzufügen, dass Vollmondphase ist, wo die Strahlen viel stärker wirken, als in der Neumondphase. Die nachteilige Wirkung der Vollmondstrahlen ist ja seitens der Ärzte genug beobachtet worden: Die Psyche wird betroffen und erregt. Bei dem einen äußert sich das noch erträglich in der Wanderwut (auch ich habe früher den Vollmond zu Nachtwanderungen und Bergbesteigungen benutzt!), bei anderen treten Nervenanfälle auf, Epilepsie, Hysterie usw. Die Wirkung ist ferner verschieden, je nach der Stellung der Sonne und des Mondes in den Zeichen. Wenn Sonne und Vollmond auf dem Äquator stehen, ist die Wirkung unvergleichlich stärker als zu anderen Zeiten.
Die Strahlen des Vollmondes wirken auf mich nach Angabe des Pendels ungünstig, der Pendel lehnt da sehr heftig ab. Er wirkt, um es als Beispiel wenigstens anzudeuten, auflösend, verderblich, schwächend auf die Lebenskraft. Werden dabei die Nerven erregt und drängen sie zu körperlichen Anstrengungen, wie zu weiten Wanderungen, zu Bergbesteigungen, so ist die Nachwirkung ein Zeugnis für die Ungunst insgesamt. Vollmonddichtungen sind daher als etwas pathologisch zu beurteilen, überreizt, sentimental.
Sentimentalität ist Folge einer für Feinkraftstrahlen empfindlichen astrologisch passiven Konstitution.

Der Untergrund

Zu den Strahlungen, die den Menschen ohne weiteres treffen, zählen neben den kosmischen auch die Strahlkräfte der Erde. Sie entstammenden im Untergrund liegenden Mineralien, festen wie flüssigen.

Es sind namentlich die radiumaktiven Strahlungen zu beachten. Diese sind weiter verbreitet, als die Menschen allgemein glauben.

Es sind keine heilenden, sondern den Körper schädigenden Kräfte, vor denen wir uns zu hüten haben. Ehe daher jemand ein Radiumbad besucht, prüfe er genau, ob dieses auch nützlich ist. Dafür können einige Anhaltspunkte gegeben werden.

Keine schädlichen Bodenausstrahlungen liefert Sandboden. Dieser ist gesundheitlich am günstigsten. Auch fehlen in den Sandgegenden unterirdische Wasseradern.

Vor diesen ist besonders zu warnen! Man hat genau beobachtet und festgestellt: Über Wasseradern wohnende und schlafende Menschen sterben frühzeitig, sie sind anfällig für chronische Leiden. Ein Haus stand zur Hälfte auf gutem Boden, zur anderen Hälfte über einer Wasserader. Es standen Betten über dem Wasser und über dem Festland. Innerhalb von etwa 20 Jahren starb kein Bewohner der gesunden Hälfte, hingegen alle Bewohner der anderen Hälfte nach etwa 6 Jahren. Andere Beispiele in dem Buch „Erdstrahlen als *Krank*heitserreger“ von Freiherr v. Pohl.

Alle Gebirgsgegenden haben endemische Leiden. Der Alpenkropf ist allgemein bekannt, die vielen Kretins in der Schweiz auch! In den Alpen, nicht im Thurgau und andern Flachländern.

Die Mineralien im Untergrund kommen zur Wirkung. In der Eifel soll viel Blei sein, jedenfalls enthalten viele Bäche Blei, wenn auch in geringeren Mengen: Es leben keine Fische darin! In anderen Gegenden ist die Hühnerhaltung unmöglich, weil die Hühner in den gefressenen Mineralstoffen Gift finden.

Alle Gebirgler leiden unter Radium- und sonstigen Strahlungsleiden, diese werden in einem Radiumbad nicht gesunden! Hingegen auf Sandboden, etwa an der See. Umgekehrt werden die Sandbewohner, die Küstenleute, durch ein Radiumbad Vorteile erhalten.

Die folgenden Untersuchungen werden allerdings den Ortswechsel begünstigen, aber der Gesundheit und der Lebensdauer zu Gute kommen. Die heilkräftigen Folgen von Badereisen und „Luftwechsel“ gehen meistens auf den Wechsel im Untergrund zurück.

Ton ist ungesund, Lehm wirkt im selben Maße günstiger, als er leichter ist. Kalk und Mineralien im Untergrund sind krankmachend.

Es hilft da nichts als der Pendel. Die obere Bodenschicht ist ja leicht durch Erdproben auf Gunst und Ungunst zu untersuchen, es wird verfahren wie bei Nahrungsmitteln. Der Untergrund muss an Ort und Stelle untersucht werden. Zuerst

ist der Bauplatz auf unterirdische Wasseradern zu untersuchen. Meistens sind sie zu hören. Wenn jemand ein scharfes Gehör hat und sich mit dem Ohr auf die Erde legt, hört er Rieseln und Rauschen.
Wird der Pendel über eine unterirdische Wasserader geführt, so schlägt er zuckend in die Richtung des Wasserlaufes. Dieser kann demnach genau verfolgt werden. Grundwasser schadet nicht, weil es ruhig steht.
Hier taucht die Frage auf, ob das Leben auf einem sich stets fortbewegenden Schiff nicht auch schädlich ist? Darüber sind noch zu wenige Erfahrungen gesammelt. Diese kann auch nur ein Seemann machen und da vielleicht dieses Heft auch in die Hände von Seeleuten kommt, so möchte ich diese zu Untersuchungen anregen. Namentlich in der Richtung, ob das Verhältnis schlechter wird, wenn das Schiff auf einem Meeresstrom fährt, etwa dem schönen blauen Golfstrom.
Jedenfalls werden alte Schiffer anfällig und bleiben am Land. Nur starke Naturen halten dauernd aus. Das hängt selbstverständlich auch mit den Witterungseinflüssen zusammen, doch wäre es fesselnd, wenn hier bezügliche Untersuchungen angestellt würden.
Um den Untergrund zu untersuchen, muss das Grundstück abgependelt werden. Wichtig ist die Untersuchung auf dem Grund von Brunnen. Bei vielen Urgesteinen habe ich keine Ausschläge schädlicher Art gefunden. Kohlen, Dolomit, Erze sind durchweg nachteilig! Der Pendel verneint die Bekömmlichkeit und zeigt durch Trennungsstriche die Nachteile an. Der Pendler steht dabei auf Gummi oder er hat Gummisohlen unter den Schuhen.
Es kann nun sein, dass der Körper anfänglich die Ausstrahlungen vertragen kann. Wenn er gesättigt ist, beginnt die Kränklichkeit. Die Kräfte lassen nach. Ich habe das in Hagen in W. deutlich empfunden, ich musste immer an die Ostsee, um wieder aufzufrischen, bis ich ganz hierher gezogen bin. Ebenso bin ich in Appenzell auf 900 m Höhe erkrankt und es wurde erst besser, als ich an den Bodensee herunterstieg.
Daher kann als Regel aufgestellt werden: Erholungsbedürftige vom Sandboden und der See reisen ins Gebirge. Gebirgler umgekehrt an die See. Das lässt sich in jedem Fall durch den Pendel ermitteln.
Es kommen einfache Trennungsstriche in Betracht. Bekommt der Pendel Funken, d. h. plötzliche schleudernde Antriebskräfte, dann ist größte Vorsicht geboten!
Kurz vor Drucklegung erhalte ich einen Bericht, den ich noch zur Bestätigung einfügen kann: P. Cyrill Wehrmeister aus St. Ottilien hat, wie die „Augsburger Postzeitung" schreibt, eine wichtige Entdeckung gemacht. Seit langem beschäftigt er sich mit den Klagen der Leute auf dem Land: „Wir haben kein Glück im Stall!" – „Unser Vieh geht ein!" – „Die Milch geht zurück!" – „Bei uns ist alles verhext!" – „Uns hat man etwas angetan!" Er machte bisher in 250 Fällen das Experiment, solche Unglücksfälle mit der Wünschelrute abzusuchen und unter-

irdische Wasseradern festzustellen. Diese Wasseradern üben auf die darüber Wohnenden und Tiere einen schädlichen Einfluss aus. P. Wehrmeister hat nun Apparate konstruiert, um die schädlichen Wirkungen solcher Wasseradern aufzuheben. Diese Apparate heißen „Wehrmeisterapparate“. Diese Apparate wurden da, wo die Wasserader in das Haus tritt, und da, wo sie es verlässt, in den Boden einbetoniert. Hat die Wünschelrute vor dem Eingraben der Apparate durch Ausschlagen die Wasserader angegeben, so reagiert sie nach dem Einbau der Apparate nicht mehr: Die Ausstrahlungen der Wasserader sind „gebunden“, aufgehoben.
Über die Methode erzählt P. Cyrill Wehrmeister u. a.: „Ich habe die Apparate dem Anstaltsarzt von Ursberg, Dr. Schreiner, vorgeführt, da er sich sehr dafür interessierte. Er hat sofort die große Bedeutung der Sache erkannt und sich ganz unverhohlen darüber geäußert. Wir haben in dem halben Jahr viele sonderbare Fälle erlebt. Wenn man die Chroniken verfolgt, sind es immer bestimmte Häuser, in denen seit Jahrzehnten nichts gedeiht, und immer stellt die Wünschelrute unterirdische Strömungen fest. In einem Fall, den der Ortspfarrer genau kontrolliert hat, gaben die Kühe zuvor 16 Liter, danach 60 Liter am Tag. In einem anderen Fall war die Frau des Bürgermeisters schwer leidend an Gelenkrheumatismus. Kein Arzt konnte ihr helfen. Nach Einlegen der Apparate trat sofortige Besserung ein. Wir sind keine Kurpfuscher und Heilkünstler, wollen auch nicht den Ärzten Konkurrenz machen. Unsere Apparate sind nur dann wirksam, wenn es sich um Schäden handelt, die nach unserer Ansicht auf Wasseradern zurückzuführen sind. Man kann einwenden: Menschen lassen sich suggerieren. Aber gerade in den Viehställen haben sich unsere Versuche sehr bewährt. Es ist eine interessante Feststellung, dass die Blitzgefahr an der Stelle am größten ist, wo sich zwei unterirdische Wasseradern kreuzen.
Ein merkwürdiges Erlebnis hatte unser Bruder Camillus, als er in einem Haus gerade unter einem Bett eine Kreuzung zweier Wasseradern feststellte und diese Schlafstelle als sehr gefährlich bezeichnete. Da begann die Hausfrau zu weinen und sagte, hier sei vor einiger Zeit ihr Sohn ganz plötzlich gestorben und kein Arzt konnte feststellen, was ihm eigentlich gefehlt habe. In einem anderen Fall hatte ein Bauer ein Haus durch Brand verloren, in dem er immer Unglück gehabt hat, und baute nebenan ein neues auf. Auch hier hatte er wieder Unglück und war am Verzweifeln. Unser Rutengänger stellte fest, dass er das Haus auf derselben Ader aufgebaut hatte, die auch durch sein erstes Haus gegangen war. Mit der Wünschelrute ist ihm schnell geholfen worden. Er schrieb uns, wir hätten ihn vor dem Bankrott gerettet. So könnte ich Ihnen viele seltsame Dinge erzählen.“

Seit 1932 ergoss sich eine Flut von Zeitungsaufsätzen über Erd- und Todesstrahlen bzw. -straßen. Nun ist der Strom versiegt und viele geschäftliche Ausnutzungen der Gelegenheit sind ersichtlich eingeschlafen. Es lohnt sich nicht, eine

genaue Schilderung als Abschluss zu liefern. Sicher ist, und das war mein Standpunkt von vornherein: Wenn eine Straße seit Jahren befahren wird, ohne dass eine Todesstrecke um Kilometersteine praktisch in Erscheinung trat, dann können Häufungen von Unglücksfällen verschiedene Ursache haben. Ein solcher Fall wurde ja schließlich aufgeklärt: Wildwechsel über die Straße! Plötzlich fällt das Licht auf ein auftauchendes Tier, der Fahrer will zur Seite lenken, stößt an einen Baum und das Unglück ist da, das Wild aber ist verschwunden!
Es wurden schnell Schutzketten angeboten und von Ängstlichen gekauft – heute vergessen!
Dann tauchten Apparate zur Abschirmung von Erdstrahlen auf, ich untersuchte welche und kam zu einem ablehnenden Urteil.
Andere Apparate, die anfänglich vorzüglich wirkten, verloren ihre Kraft, nach Monaten war sie verschwunden und einige Hundert Mark waren vergeblich ausgegeben.
Immerhin: Die Ausstrahlungen selbst sind einwandfrei festgestellt, das bestätigen auch die Physiker.
Gustav Freiherr von Pohl gab 1932 das Buch „Erdstrahlen als Krankheitserreger“ heraus, mit 71 Abbildungen und 218 Seiten. Der Verfasser benutzt mit Erfolg die Wünschelrute. Der Inhalt ist sehr wichtig. Vor allem in der Krebsfrage! Für Entstehung dieses Leidens werden ja fortgesetzt neue organische Ursachen angegeben, da aber die Häufigkeit der Krankheit über Wasseradern zu oft festgestellt wurde, um noch bestritten werden zu können, müssen die Erdstrahlen demnach mitwirken, etwa in der Weise, dass eine ruhende organische Anlage in Tätigkeit gesetzt wird. Auch hierüber ist sehr viel veröffentlicht worden.
Schließlich mehren sich die Beobachtungen, dass sich über Wasseradern, die bekanntlich starke Ausstrahlungen haben, nicht alle Pflanzen erfolgreich ziehen lassen. Die Wirkung wird dem Klima gleich erachtet, hinsichtlich der Stärke des Einflusses, doch fehlen noch genauere Angaben. Der den Landleuten bekannte „Billwis-Schnitt“ ist eine unfruchtbare Linie über „Reizstreifen“ oder Wasseradern.
Die *Strahlentherapie* hat inzwischen weiteren Boden gewonnen, man liest häufiger ärztliche Berichte darüber. Denn was bei Gesunden schädlich ist, kann bei Kranken helfen.

Konservierte Strahlen

Immer neue Entdeckungen bestätigen den Satz: Alles Natürliche strahlt. Seitdem die Blicke für Strahlungen geschärft sind, also seit etwa einem Jahrzehnt, abgesehen von Röntgen- und Radiumstrahlen, werden häufig neue Strahlenarten gefunden.

Wir können noch nicht alle untersuchen, aber es werden immer mehr Strahlungen zu uns kommen, da müssen wir Pendler auf der Lauer stehen.

In Scherls Magazin berichtete Otto Kappelmayer über eine neue konservierungsfähige Strahlung, die sich aus Paraffin entwickelt. Diesem Bericht entnehme ich:

„Im Forschungslaboratorium der Firma Piepmeyer, Kassel-Wilhelmshöhe, ist dem Chemiker *Wolf* die Entdeckung einer neuen Strahlenquelle gelungen. Die Emission kann in Papier, Gaze, Watte, Wolle und ähnlichen Stoffen konserviert werden.

Erhitzt man in einer offenen Schale Paraffin bis kurz vor den Flammpunkt, also auf 160 bis 170 Grad, so entsteht zunächst eine blaue Luminiszenz-Erscheinung (Wasserstoffentladung). Das Paraffin-Molekül der chemischen Formel $C^{n}H^{2n}+^{2}$ sieht aus wie eine Traube mit etwa 66 Beeren oder ein Haufen aufgeblasener Luftballons, die der Verkäufer an einer Strippe hält. Die Paraffindämpfe, die beim Erhitzen aus dem Topf aufsteigen, enthalten die verschiedensten Zersetzungsprodukte der Paraffinmoleküle, die sich unter der Wirkung der Hitze ausdehnen und langsam abbauen. Dabei werden Wasserstoffteilchen frei, die ähnliche Wirkungen auf den menschlichen Körper und organische Stoffe (insbesondere Farbstoffe usw.) ausüben, wie die bekannten ultravioletten, Röntgen- und Radiumstrahlen, ihrer Natur nach aber grundsätzlich verschieden hiervon sind. Man kann den chemischen Vorgang in den Paraffindämpfen mit „Protonenemanation" bezeichnen. (Das Proton ist der Wasserstoffkern.)

Hält man eine in schwarzes Papier eingewickelte fotografische Platte, auf die zum Kenntlichmachen der chemischen Wirkung der Strahlen Papierstreifen, Messingringe, Glasstückchen, ein Bleistift oder ähnliche Teilchen mit scharfen Konturen aufgelegt sind, einen Moment über die Paraffindämpfe und entwickelt sie, so entsteht ein Bild, aus dem zu erkennen ist, dass alle Gegenstände, nur nicht das schwarze Papier, auf die Platte einen Schatten geworfen haben.

Wickelt man jetzt in das gleiche schwarze Papier, das wie ein Schwamm die elektrochemischen Strahlen aufgesogen hat, eine neue Platte und lässt das infizierte Papier etwa eine Stunde auf diese einwirken, so erhält man Aufnahmen, die zeigen, dass die Wasserstoffteilchen in dem Papier aufbewahrt worden sind und später dieselbe Wirkung auf die aktive Schicht der fotografischen Platte ausgeübt haben wie die Dämpfe selbst. Die Zersetzungsprodukte des Paraffins erhalten sich etwa 24 Stunden in dem durch die Dämpfe infizierten Papier, das durch sie zum Selbststrahler wird.

Diese Erscheinung ist vollkommen neu. Der chemische Abbau in dem schwarzen Papier geht äußerst langsam vor sich. Es ist nicht anzunehmen, dass die – vorwiegend elektropositiven – Wasserstoffteilchen, welche die fotografische Platte angreifen, primär aus der Paraffinlohe stammen. Denn die Lebensdauer solcher atomistischer Körperchen ist in freier Atmosphäre so unmessbar klein, dass man eigentlich nur von einem „status nascendi" sprechen kann. Im Papier scheinen aber nach der Bestrahlung ähnliche Vorgänge chemischer Zersetzung von Molekülen vor sich zu gehen wie in der Paraffinlohe selbst.
Bei der Stärke der Einwirkung auf die fotografische Bromsilberschicht, die man aus der Schärfe der Schatten erschließen kann, darf diesen elektrochemischen Strahlen eine bedeutende medizinische Wirkung auf lebende Gewebe zugeschrieben werden. Man kann erwarten, dass diese Entdeckung für die *Medizin*, insbesondere die Wundbehandlung, die Asepsis, die Heilung von Geschwüren usw., in der Zukunft eine große Rolle spielen wird.
Alle bisherigen Versuchsergebnisse sprechen dafür, dass es sich keinesfalls um Ätherstrahlen (ultraviolette oder Röntgenstrahlen), sondern um sogenannte Korpuskularstrahlen handelt. Die Energiequelle, die das Ausstoßen von Masseteilchen (Wasserstoff-Ionen und Elektronen) veranlasst, ist die freiwerdende Molekularenergie, die beim Abbau des komplizierten Paraffinmoleküls entsteht. Eine bindende Erklärung für die Tatsache, dass die ausgestoßenen Protonen, die vom Papier oder der Watte wie von einem Schwamm aufgesogen wurden, sekundär in diesen Stoffen ihre zerstörende (die Moleküle abbauende) Wirkung fortsetzen, die bis zu 24 Stunden andauert, kann man heute noch nicht geben, da wir für diese Erscheinung bisher keine Analogie gefunden haben. Zweifellos wirken rein chemische Prozesse mit elektrostatischen Ursachen zusammen.
Es mag daran erinnert werden, dass vor etwa einem Jahr ein japanischer Gelehrter ähnlich interessante Dinge mit dem Paraffin angestellt hat. Wie man in einem Akkumulator elektrischen Strom hineinladen und ihn später verwerten kann, so gelang es, aus einem Isolator (Paraffin) und metallischen Belegen den „Elektreten"[14] zu bauen, der sich zur Aufbewahrung elektrischer Spannungen von meh-

[14] Der oder das Elektret ist ein elektrisch isolierendes Material, das an zwei gegenüberliegenden Flächen entgegengesetzte elektrische Ladungen trägt und somit ein permanentes elektrisches Feld in seiner Umgebung erzeugt. Der Name ist in Anlehnung an Magnet entstanden und stammt von dem englischen Physiker Oliver Heaviside (1850-1925), der die Existenz von Elektreten theoretisch vorhersagte. Der Elektret kann also als elektrostatisches Analogon zum Permanentmagneten aufgefasst werden. Elektrete wurden zuerst in der ersten Hälfte der 1920er Jahre in Japan auf der Basis von Dielektrika hergestellt. Dabei wurde ein Gemisch aus gleichen Anteilen von Wachs und Carnaubaharz geschmolzen und bei der anschließenden Abkühlung in ein äußeres elektrisches Feld gestellt, durch welches in der Mischung enthaltenen Moleküle mit einem elektrischen Dipolmoment ausgerichtet werden. Nach der Erstarrung der erkaltenden Mischung ist die Beweglichkeit der Moleküle stark eingeschränkt, die Ausrichtung der Dipole bleibt praktisch erhalten. Sol-

reren Tausend Volt eignete und in der Lage war, einen Menschen zu töten, wenn er die beiden metallischen Kontakte des Apparates berührte. Hierbei scheinen sich elektrische Spannungszustände in chemische Prozesse umzuwandeln, während bei der vorliegenden Entdeckung beim chemischen Abbau der Kohlenwasserstoffverbindung elektrische Spannungszustände innerhalb der Moleküle entstehen, die ihrerseits nach Ausgleich streben und dabei im infizierten Papier chemische Abbauprozesse hervorrufen. Inwieweit unsere Entdeckung zur Erklärung der zersetzenden Wirkung heißen Paraffins auf Fettpolster am menschlichen Körper bei den Paraffinkuren herangezogen werden kann, vermag man heute noch nicht zu sagen. Wahrscheinlich aber findet auch ein Abbau der komplizierten Fettmoleküle statt, wobei Wasserstoffkerne frei werden, die nun nach einer Verbindung zum stabilen Molekül streben."

Bei dem Bestrahlen von Nahrungsmitteln und Heilmitteln sollte jedoch größte Vorsicht angewandt werden, weil bereits jetzt durch bestrahlte Mittel große Schädigungen hervorgerufen worden sind. Darauf machte Dr. med. Rheinländer aufmerksam. Unter der harmlosen Bezeichnung „Vitamin D" wird Ergostin verkauft, das mit künstlicher Höhensonne bestrahlt „Vagantol" heißt. Durch die Bestrahlung wird das Mittel zu scharfem Gift und hat demgemäss auch bei der Krankenbehandlung gewirkt. Man will auch Milch künstlich bestrahlen, die Benutzung des Pendels wird erweisen, ob da nicht ebenfalls anstatt Verbesserung Verschlechterung beschert werden soll.[15]

Alle diese Vorkommnisse beweisen die Notwendigkeit, kein Medikament einzunehmen, ehe es nicht durch den Pendel geprüft worden ist.

Während die Physiker in der Strahlenforschung von Entdeckung zu Entdeckung eilen, sind die Biologen, die Philosophen in Deutschland noch rückständiger gegenüber ihren französischen Kollegen und den in Frankreich wirkenden Ausländern. Diese ziehen die notwendigen Schlüsse. Der führende Georges Lak-

---

che Elektrete sind allerdings nur stabil, wenn man sie durch eine metallische Schutzschicht versiegelt. Ab den 1960er Jahren wurden Elektrete auf der Basis von Ferroelektrika entwickelt. Technisch wird das Elektret als Membran eingesetzt in Schallwandlern (Elektret-Mikrofon, Kopfhörer) o. in der Filtertechnik (Luftfilter). Quelle: wikipedia.org (rs)

15 Sehr viele tierische Produkte reagieren sehr empfindlich auf Bestrahlung, indem ein Fehlaroma ausgebildet wird. Bei Fleisch soll sich ein Aroma nach „nassem Hund" ausbilden, Milch wird schleimig, das Eiklar verflüssigt sich. Die Ursache des Fehlaromas sind Spaltprodukte von Eiweiß wie Ammoniak und Amine (Geruch nach verfaultem Fisch und Kadavern), Schwefelwasserstoff und Mercaptane (Geruch nach verfaulten Eiern). Der Strahlengeschmack tritt z. B. bei Milch bei 1.00 KGy auf. (Die Dosis wird in Gray gemessen. Es gilt: 1 Gray (Gy) ist die Aufnahme von 1 J pro Kg Lebensmittel. 10 KGy – die höchste im Lebensmittelbereich eingesetzte Dosis – führen z.B. zu einer Aufnahme von 10000 J, das entspricht einer Erwärmung um 2,4 Grad.)
Zitiert nach: www.bernd-leitenberger.de/text/bestrahl.html. (rs)

hovsky[16] gab ein Buch heraus, dessen Titel bereits den Inhalt angibt: *L'origine de la vie. La radiation et les êtres vivants.* Paris 1925. Mit Vorwort von Professor D'Arsonval vom Institut.

Motto: La vie est née de la radiation,
Entretenne par la radiation,
Supprimée par tout déséquilibre oscillatoire.[17]

Seine Lehrsätze lauten:

1. Alle lebenden Wesen (être vivant – lebendes Dasein) senden Strahlen aus.
2. Die Mehrzahl der lebenden Wesen – einige ausgenommen – sind fähig, Strahlen zu empfangen.
3. Alle fliegenden Wesen, die sich von der Erde entfernen (Vögel, Insekten) besitzen eine große Fähigkeit, Strahlen-Wellen auszusenden und zu empfangen, während alle Tiere, die an die Oberfläche der Erde gebunden sind, eine sehr viel geringere Fähigkeit von Aussendung und Empfang haben.
4. Der Einfluss des Sonnenlichtes auf die Fortpflanzung der Wellen bestimmt sonderbar die Aufnahmefähigkeit gewisser Vogelarten und Insekten, sie gehen nächtlich auf die Nahrungssuche, während die mit normalem Empfang dazu den Tag benutzen.

Lakhovsky hat das „Empfangsgerät" in den Windungen der Gehörknöchel gefunden. Diese befähigen die Tiere in verschiedenen Richtungen zielbewusst sich zu bewegen. Bei den japanischen tanzenden Mäusen fehlt eine Windung, weshalb sie immer im Kreis laufen müssen.

Die Zugvögel folgen einfach den kosmischen Strahlungen auf ihren Wanderzügen. Jede Zelle ist durch Strahlungen beeinflusst. Die Milchstraße ist eine Quelle von Lebensstrahlen. Die Wellen erhalten alles Tier- und Pflanzenleben auf der Erde.

Das wird in dem fesselnden Buch in vielen Einzelheiten bewiesen. Nun erkennen wir die Richtung: Die strahlende Materie ist die Heilkraft! Jedes Lebensmittel muss damit gesättigt sein.

Wir haben somit ein Gebiet von fast endloser Forschungstätigkeit vor uns. Die Einzelzelle ist für den Pendel unerreichbar, nur Organe sind unserer Forschung zugänglich. Unsere Pendelarbeit steht nur im Dienst der Wellen, der Strahlen. Jetzt gilt es, die kosmischen Strahlungen, die magnetischen und elektrischen Wellen zu verfolgen. Hierzu sind die ersten Methoden hier entwickelt, es gehört

---

16 Georges Lakhovsky setzte voraus, dass alle lebenden Zellen (Pflanzen, Menschen, Bakterien usw.) elektrische Eigenschaften haben (Strahlen aussenden) und die nichtmaterielle Schwingung die Grundlage des Lebens ist. Krankheit wäre demnach ein gestörtes Gleichgewicht der zellularen Schwingung. (rs)

17 Ungefähre Übersetzung: Das Leben ist aus der Strahlung, durch die Strahlung entstanden, durch die jede schwingende Unausgewogenheit abgeschafft wurde. (rs)

noch jahrelange Forschung dazu, um auch zwischen den Strahlungen Unterschiede mit dem Pendel festzustellen.
Um wenigstens eine Aufstellung der Wellen zu geben, füge ich eine Tabelle von Lakhovsky bei über die bekannten Strahlen und Wellenlängen:

Art	**Wellenlänge**	**Frequenz pro Sekunde**
Radioelektrische Wellen (22 Oktaven sind bekannt)	30.000 Meter	10.000 bis 50 Milliarden[18]
Strahlen von Nichols und Tear	Lebediew, 6 mm von 6 mm bis 0,3 mm	50 Milliarden bis 1 Trillion
Infrarote Wellen (8 Oktaven)	3,14 μ[19] – 0,8 μ	1 bis 375 Trillionen
Lichtwellen (1 Oktave)	0,8 μ – 0,4 μ	375 bis 750 Trillionen
Ultraviolette Wellen (5 Oktaven)	0,4 μ – 0,015 μ	750 Trillionen bis 20 Quadrillionen
X-Strahlen von Holweck (4 Oktaven)	0,015 μ – 0,0012 μ	20 Quadrillionen bis 250 Quadrillionen
X-Strahlen von Röntgen (8 Oktaven)	0,0012 μ – 0,0000057 μ	250 Quadrillionen bis 60 Quintillionen
Radioaktivität (6 Oktaven bekannt, von denen 4 noch in die vorige X-Strahlengruppe fallen)	0,0001 μ – 0,000002 μ	3 Quintillionen bis 150 Quintillionen
Ultra-X-Strahlen	Noch nicht gemessen!	

Unter die Ultra-X-Strahlen können wohl die Ultragammastrahlen gezählt werden. Strahlen, Wellen – wo bleibt da der Stoff?

---

18 Umrechnungstabelle für Maßeinheiten (zitiert nach: lexikon.freenet.de (rs)):

10^{24}	1.000.000.000.000.000.000.000.000	Quadrillion
10^{21}	1.000.000.000.000.000.000 000	Trilliarde
10^{18}	1.000.000.000.000.000 000	Trillion
10^{15}	1.000.000.000.000.000	Billiarde
10^{12}	1.000.000.000.000	Billion
10^{9}	1.000.000.000	Milliarde
10^{6}	1.000.000	Million
10^{5}	100.000	Hunderttausend
10^{4}	10.000	Zehntausend
10^{3}	1.000	Tausend
10^{2}	100	Einhundert
10^{1}	10	Zehn
10^{0}	1	Eins

19 μ = micro, bedeutet in der Physik 1 Millionstel einer Einheit. (rs)

Der Einfluss geleiteter Strahlungen gemäß den Versuchen Lakhovskys wird an anderer Stelle besprochen. Hier nur die Notiz, dass der Pflanzenwuchs ungewöhnlich gefördert werden kann, das Leuchten bei Wesen (Johanniskäfer!), die aufgespeicherte statische Elektrizität bei Fischen durch Strahlenwellen verursacht wird.

Die Strahlen beeinflussen den Menschen in gesundem und krankem Zustand, daher muss jetzt das Auspendeln von Zuständen durchaus auf dieses Gebiet gerichtet werden. Dieses Buch ist jetzt auch in deutscher Sprache zu beziehen.

Die Fachwissenschaftler haben für die Ausstrahlungen und Wellen eine Skala aufgestellt, die eine Übersicht gewährt und Platz für weitere Entdeckungen offen lässt. Sie dient zur Übersicht.

1 2 3	}	Röntgenstrahlen
4 5 6		
7 8 9	?	Vielleicht Strahlen von Gravitation oder Schwerkraft?
10 11 12 13		
14 15 16	}	Höhensonne – Ultraviolette Strahlen
17	=>	Lichtstrahlen, sichtbar
18 19 20 21 22 23 24 25	}	Ultrarote Wärmestrahlen
26 27	?	Physische bzw. psychische Strahlen?
28 29 30	}	Elektrische Wellen und Strahlen einschließlich Radio
↓ ∞	?	

Die Höhenstrahlen werden jetzt meist Ultrastrahlen genannt.
Sie kommen nicht nur aus der Höhe, sondern durchdringen die Luft von allen Seiten.
Professor Kolhörster stellte noch in tiefen Bergwerken diese Strahlungen fest.
Als im Herbst 1934 ein neuer Stern in der Nähe von Wega aufleuchtete (der allerdings schnell wieder abnahm), wurde eine Zunahme der Höhenstrahlung um 2 % gemessen.
Professor Adrian kommt zum Schluss, dass die Höhenstrahlen keine materiellen Teilchen sind wie die Lichtstrahlen, sondern Kraftäußerungen ohne einen materiellen Träger.
Als Anhänger der Hohlwelterde[20] erkenne ich die Kernkugel (= Fixsternkugel) als Sendestation der Ultrastrahlen; das ist die einleuchtendste Lösung des Rätsels.
1931 wurde ein außerirdischer Kurzwellensender entdeckt, dessen Wellenlänge 14,6 m ist, und ein volles Jahr automatisch registriert. Es wurde beobachtet, dass die Wellenstirn sich mit der Sonne dreht, also in 24 Stunden eine Kreisbewegung macht. Man hält die Sonne für den Sender! Das wirft viele Fragen beim Physiker auf, uns genügt die Tatsache!

---

20 Die Hohlwelttheorie ist eine physikalische Theorie, die im 19. Jahrhundert in den USA und im 20. Jahrhundert unter anderem auch in Deutschland vertreten wurde. Ihr zufolge ist die Erde eine Hohlkugel, in deren Innenraum wir leben und wo auch Sterne, Sonne und Mond sich befinden. Diese Theorie klingt zunächst völlig unsinnig, und man glaubt, sie mit wenigen kurzen Argumenten widerlegen zu können. Es zeigt sich aber bald, dass noch so detaillierte Überlegungen auf Schwierigkeiten stoßen und eine experimentelle Widerlegung dieser Theorie bei Voraussetzung geeigneter Grundgesetze der Physik überhaupt prinzipiell unmöglich ist. Zitiert nach: www.weltbildfrage.de/sexl.html. (rs)

Lebenskraftstrahler, Sonnenäther, Strahlen

Es war *Professor Oskar Korschelt*, der Apparate erfunden hat, um kosmische Strahlen einzufangen und für Heilzwecke zu gebrauchen.[21]

Von den verschiedenen Ausführungen besitze ich zwei, die Strahlscheibe und Strahltasche. Diese habe ich erprobt und untersucht. Professor Korschelt erklärt die Wirkung und Strahlenart folgendermaßen:

Der Äther, der in den Sonnenstrahlen parallel gerichtet zu uns kommt, wird von den Molekülen der Luft und der festen Körper angezogen und aus seiner Richtung abgelenkt, so dass er schließlich wirr durcheinander geht. Die spiralförmig angeordneten Kupferketten der Strahlapparate ziehen den Äther auf der Saugseite an und strahlen ihn annähernd parallel gerichtet auf der Strahlseite (Körperseite) wieder aus. So strömen also senkrecht zum Apparat unausgesetzt dunkle Sonnenstrahlenbündel aus, die, auf einen Menschen gerichtet, leicht in diesen eintreten und leicht von ihm aufgenommen werden. Für gewöhnlich besorgt der Körper die Anziehung des Äthers, der den gesunden Menschen als eine dichte Kugel von etwa 2 m Durchmesser umgibt. Bei Kranken vermindert sich der Durchmesser dieser Kugel und wird bei Sterbenden sehr klein.[22]

Die Sonnen-Äther-Strahl-Apparate bewirken also eine vermehrte Zuführung des jedem Lebewesen erforderlichen Magnetismus.

Benutzt man nun die Sonnen-Äther-Strahl-Apparate dauernd, indem man z. B. am Tag eine Strahltasche trägt und nachts die Apparate am Bett anbringt, so entfernt der Äther nicht nur alle schlechten, krankhaften Stoffe aus dem Körper, sondern kräftigt auch den gesamten Organismus und macht diesen widerstandsfähig gegen körperliche und seelische Leiden.

Professor *Korschelt* beschreibt seine Apparate folgendermaßen:

„Ich erfand die Sonnen-Äther-Strahl-Apparate um das Jahr 1890 und erhielt darauf das D.R.-Patent Nr. 69340, nachdem vorher langwierige Erörterungen und Prüfungen der Apparate durch das Patentamt stattgefunden hatten, in denen sich dieses davon überzeugte, dass die Apparate ununterbrochen eine Strahlung aussenden. Seitdem sind etwa 20.000 Sonnen-Äther-Strahl-Apparate verkauft worden, obwohl die Herstellung von 1914 bis 1920 geruht hat und obwohl ich jede Art von Reklame strengstens vermieden habe. Nur durch die Empfehlungen

---

21 Informationen über den „Orgon-Pionier“ Oskar Korschelt und seine „Strahlapparate“ mit Skizzen findet man unter www.holgersauer.homepage.t-online.de/korschelt.htm. (rs)

22 Der Körper ist umgeben und durchdrungen von einem Gewebe feinstofflicher Energien – auch Aura genannt. Durch dieses System steht der Körper mit dem Unterbewusstsein, seinen Persönlichkeitsaspekten, seinem Intellekt und seinem Seelenpotential in wechselseitigem Austausch. ... Bei ausgeglichenen (ganzheitlich gesunden) Menschen sind Aura und Körper harmonisiert (keine Blockaden vorhanden). Hellsichtige Menschen können bereits Störungen in der Aura feststellen bevor sich eine Krankheit körperlich manifestiert. Zitiert nach: www.seelenbilder.net/aura.htm. (rs)

solcher, die die kräftigende und heilende Wirkung der Sonnen-Äther-Strahl-Apparate an sich selbst erprobt hatten, sind die Apparate weiterverbreitet worden. Gewiss das beste Zeugnis für die ausgezeichnete Wirkung der Sonnen-Äther-Strahl-Apparate! Ich möchte das Heilverfahren oder Heilmittel kennen, das unter solchen Umständen nicht in völlige Vergessenheit geraten wäre!

An Sonnen-Äther-Strahl-Apparaten gibt es sechs Arten: die Strahlscheiben, die Strahltaschen, die Stative mit Kupferzinkplatte, die Drahtscheibe und die Blumenscheibe.

1. Die *Strahlscheibe* besteht aus einer Holzscheibe mit spiralig angeordneten Kupferketten. Ihre Strahlseite, die dem Körper stets zugewandt werden muss, ist blau gestrichen. Der Apparat lässt sich wie ein Bild an die Wand des Zimmers hängen, in dem man sich meist aufhält. Sie wirkt auch dann, wenn die Person sich nicht gerade in der Strahlrichtung der Scheibe befindet, weil die Strahlen auf die Person zugestrahlt werden. Sensitive, die die Ausstrahlung der Apparate leuchten sehen, haben diese Einstrahlung, die noch im Abstand von einigen Metern stattfindet, oft genug gesehen. Dreht man noch 2 Ösen in die Strahlscheibe ein, so kann man sie auch an den 3 Ösen horizontal an der Decke aufhängen. Die Strahlung verteilt sich von oben her noch leichter auf die im Zimmer befindlichen Personen, als von der Wand aus. Zu örtlichen Bestrahlungen ist die Scheibe direkt an den betreffenden Körperstellen anzulegen.
   Nachts bringe man die Strahlscheibe am Kopfende des Bettes an (nie am Fußende, denn die Strahlung, die von den Füßen her in den Körper eintritt, wirkt nicht günstig) oder schräg seitwärts an der Wand, so dass die Strahlung das Sonnengeflecht (Leib) trifft, wodurch sie meist besser wirkt und länger vertragen werden kann.
2. Die *Strahltasche* besitzt dieselben Kupferketten wie die Strahlscheibe, nur sind die Ketten hier auf Drell[23] aufgenäht und in eine Tasche aus Nessel gesteckt, um bequem und unauffällig unter den Kleidern getragen werden zu können. Die Strahlseite ist durch den Aufdruck „Körperseite“ kenntlich gemacht, um anzudeuten, dass diese Seite dem Körper zugewandt zu tragen ist. Legt man die Strahltasche nachts unter das Kopfkissen, so muss also die Körperseite oben sein. Da Drell und Nessel die Strahlung leichter durchlässt als Holz, wirken die Strahltaschen etwas kräftiger als die Scheiben.
3. In den *Stativen* wird die Wirkung der Strahlscheibe durch einen davor sitzenden Strahler auf das Vier- bis Fünffache verstärkt. Die meisten fühlen ihre Ausstrahlung auf 1 bis 2 m Entfernung stark. Betritt man ein Zimmer, in dem ein Stativ in einer Ecke steht, so empfindet man die Luft im Zimmer als rein und angenehm.
   Die Stative lasse man auf den Hinterkopf wirken, wobei viele die Empfindung haben, als würde der Kopf nach rückwärts gezogen, doch kann man den Stativ-

---

[23] Drell ist ein robuster und fester Leinenstoff und wird oft für Arbeitskleidung oder Haushaltswäsche verwendet. Er zeichnet sich durch eine hohe Gewebedichte aus, die durch Beimischung von Baumwolle erreicht wird. (rs)

kopf auch von der Stange abnehmen und an irgendwelche Körperteile anlegen, beim Sitzen oder Liegen. Will man eine besonders kräftige Wirkung erzielen, so nehme man einen Stativkopf (auch eine Strahlscheibe ist dazu geeignet, ist nur nicht so kräftig) zwischen die Hände und führe den Apparat langsam in geringem Abstand über den liegenden Kranken vom Kopf zu den Füßen, wende unten angelangt die Ausstrahlungsseite des Apparates nach außen und kehre damit zum Kopf zurück zum nächsten Strich. Dies wirkt auf jeden Fall kräftiger als die Bestrahlung allein. Die Ausstrahlseite (Körperseite) ist beim Stativ *nicht* die blaue Kettenseite, wie bei der Strahlscheibe, sondern diese befindet sich bei den vielen Spiralen mit dem Haken in der Mitte, was von fast allen auch ohne weiteres gefühlt wird, wenn sie die Innenfläche der ausgebreiteten Hand davor halten. Ein kühler Hauch strömt dann der Hand entgegen.

4. Die *Kupferzinkplatte* ist der einzige unter den Sonnen-Äther-Strahl-Platten, der nicht für sich allein, sondern nur in Verbindung mit einem Stativ zu benutzen ist. Der Strahler des Stativs hat in der Mitte seiner Scheibe einen Haken, um den man die Spirale, die zur Kupferzinkplatte gehört, einhängt. Das andere spitze Ende der Spirale steckt man in die Öse, die sich an der Seite der Kupferzinkplatte befindet. Diese selbst legt man mit der Kupferseite nach oben auf einen Stuhl, am besten mit flachem Brettholz, damit sich die Kupferzinkplatte nicht verbiegt, und setzt sich auf die Platte, während das Stativ den Hinterkopf bestrahlt. Dann strömt der Äther, der sich in der Metallscheibe des Strahlers in einem Zustand besonderer Verdichtung befindet, ehe er von den vielen Spiralen des Kupferringes wieder in Strahläther verwandelt wird, durch die Spirale in die Kupferzinkplatte und tritt von dieser in den Unterleib ein, diesen direkt erfüllend und durchdringend. Ein Stativ mit Kupferzinkplatte vermag also dem Bestrahlten weit größere Äthermengen zuzuführen, als das Stativ allein. Bei Leiden des Fußes oder Unterschenkels lege man die Kupferzinkplatte auf einen niedrigen Schemel und stelle die Füße in Strümpfen darauf.
5. Die *Drahtscheibe* besteht aus Kupferzinkscheiben, die von Kupferdrähten in Spiralen durchzogen sind und in einem Holzrahmen ruhen. Um die untere Scheibe fließt ein Ätherwirbel von links nach rechts, um die obere, den Aufsatz, fließt ein anderer Ätherwirbel von rechts nach links. Beide Ätherwirbel durchdringen sich und bilden einen Kegel von etwa 15 cm Höhe. Sensitive sehen diesen Wirbel, in denen sie zahlreiche leuchtende Funken von verschiedenen Farben bemerken. Doch können die meisten Personen, wenn sie die Innenfläche ihrer Hand etwa 5 cm hoch über den Aufsatz halten, die durcheinander fließenden Wirbel als einen kühlen Hauch fühlen und nehmen auch die Drehbewegung wahr.

   Die Drahtscheibe ist in ihrer Wirkungsweise von den anderen Sonnen-Äther-Strahl-Apparaten ganz verschieden. Sie strahlt dem Körper nicht nur Äther zu, sondern wirkt direkt heilend, indem sie durch ihren Ätherwirbel die Krankheitsstoffe aus den Ablagerungsstellen der erkrankten Organe herausbohrt und in die Blutbahn wirft, so dass sie zur Abscheidung gelangen. Die Erfolge, die man mit der Drahtscheibe bei allen möglichen, auch veralteten Leiden erzielt, sind wirklich überraschend, ja großartig und oft ganz unglaublich. Sie können noch gesteigert werden, wenn man neben der Drahtscheibe noch einen der anderen Sonnen-Äther-Strahl-Apparate benutzt. Zum Gebrauch in der Nacht umwickle man die Drahtscheibe mit Papier oder weichen Stoffen. Die Abdämpfung der Wirkung durch die Umhüllung wird mehr als aufgehoben durch die lange Dauer der nächtlichen Bestrahlung. *Die Kupferseite mit den vielen Spitzen ist die Strahlseite (Körperseite). Man lege die Drahtscheibe immer direkt an den Körper an.*

6. Die *Blumenscheibe*. Durch die sternförmige Anordnung der Ketten wird der Äther nach der Mitte der Scheibe geschoben und tritt da als ein dünner Strahl senkrecht in die Höhe. Stellt man einen Blumentopf auf die Blumenscheibe, so durchströmt der Ätherstrahl die Pflanze längs ihrer Achse und ruft reichliches, ja üppiges Wachstum hervor, was besonders bei Pflanzen tropischen Ursprungs zu bemerken ist, welche von ihrer Heimat her an günstigere Lebensbedingungen gewöhnt sind, als sie bei uns erhalten. Solche Pflanzen vertragen dauernden Aufenthalt auf einer Blumenscheibe, während einheimische Pflanzen manchmal nach einer Zeit reichlichen Wachsens und Blühens Zeichen der Erschöpfung zeigen. Hier ist eine häufigere Unterbrechung der Bestrahlung angezeigt. Eine Blumenscheibe genügt schon für eine größere Anzahl von Pflanzen, z. B. für die Ecke eines Gewächshauses, wobei täglich ein anderer Topf auf die Scheibe gestellt wird. Die Blumenscheibe wurde nach den vorliegenden Zeugnissen und Berichten auch in Krankheitsfällen mit Erfolg angewandt, wie bei Schlaflosigkeit usw., insbesondere bei kleinen Kindern. Bemerken möchte ich aber, dass die Wirkung der Blumenscheibe im Verhältnis zu den übrigen Apparaten nur schwach ist.

Sonnen-Äther-Strahl-Apparate mit versilberten Kupferketten wirken wesentlich anders als solche mit einfachen Kupferketten. Ich empfehle:

1. kupferne Ketten für kräftigere Naturen,
2. versilberte Ketten bei Leuten mit wenig Blut, die überfeinert und nervös sind.

Der Unterschied in der Wirkung der zwei Arten von Ketten ist sehr auffällig. Man treffe daher bei Bestellungen die Auswahl nach obigen Gesichtspunkten und lasse sich nicht von dem besseren Aussehen der versilberten Ketten verleiten. Es scheint, dass es verschiedene Arten von Äther gibt, die von bestimmten Metallen besonders lebhaft angezogen werden. Die Tatwa-Philosophen Altindiens[24] nahmen fünf Arten von Äther an, denen fünf Farben – blau, gelb, grün, rot und weiß – entsprachen. Die fünf Farben sehen Sensitive heute noch am Äther.
Der Name Sonnen-Äther-Strahl-Apparate, den ich meinen Apparaten gegeben habe, lässt häufig die Vermutung aufkommen, dass diese Apparate nur wirken, wenn sie von der Sonne beschienen werden. Das ist nicht der Fall. Die Apparate wirken zwar im Sonnenlicht stärker, sie wirken aber auch vollauf genügend im

---

24 Bei Tatwa (eigentlich Tattwa) handelt es sich um die „Fünf Hüllen" bzw. Elemente. (rs)

diffusen Licht und nachts. Das ist ohne weiteres verständlich, wenn man bedenkt, dass der Äther eine Geschwindigkeit besitzt, die ihm gestatten würde, in einer Sekunde siebenmal die Erde zu umkreisen. Diese Geschwindigkeit verlangsamt sich erst bzw. hört ganz auf, wenn ein Ätherteilchen in den Anziehungsbereich eines Lebewesens kommt.
Nach den in meinem Besitz befindlichen über 1.000 Zeugnissen und Berichten wurden bei nachstehend aufgeführten Leiden sehr befriedigende, teils sogar ganz erstaunliche Erfolge erzielt:

Angstgefühl
Appetitlosigkeit
Asthma
Augenleiden
Bauchfellentzündung
Beine, geschwollene
Beine, offene
Bewusstlosigkeit
Blasenleiden
Bleichsucht
Blinddarmentzündung
Blutarmut
Cholerine
Drüsen
Epilepsie
Erkältung
Fieber
Flechten
Füße, kalte
Gallensteine
Gehirnerweichung
Geschwüre
Gesichtsleiden
Gicht
Grippe
Hämorrhoiden
Hand, verstauchte
Herzleiden
Hexenschuss
Husten
Influenza
Ischias
Katarrh
Knochenfraß
Kopfschmerz
Korpulenz
Krebs
Kreuzschmerzen
Lähmung
Leberleiden
Lungenleiden
Lupus
Magenleiden
Menstruation, schmerzhafte
Migräne
Morphinismus
Nervenleiden
Nierenleiden
Ohrenleiden
Platzangst
Pollutionen
Quetschungen
Rheumatismus
Rückenmarkleiden
Rückenschmerzen
Schlaflosigkeit
Schnupfen
Schwäche
Schwindel
Schwermut
Skrofeln
Tiefsinn
Tuberkulose
Unterleibsleiden
Verstopfung
Vorbeugungsmittel gegen Krankheiten
Wahnsinn
Wassersucht
Wunden, offene
Zahnen
Zahnschmerz

Sonnen-Äther-Strahl-Apparate und Magnetopathen

Bei der heilmagnetischen Behandlung fließt vom Magnetopathen[25], besonders von seinen Fingerspitzen und Augen, sowie mit seinem Atem, eine Strahlung von

[25] Magnetopathie: Dabei werden durch Handauflegen krankhafte Schwingungen des Patienten auf den Behandler abgeleitet und so der Patient entlastet. Der Behandler kann auch einen Teil seiner Lebensenergie auf den Patienten übertragen. Die Ausübung der Magnetopathie ist individuell sehr verschieden. Sie stellt für den Behandler eine große Belastung dar. In der Regel wird die Behandlung entweder am Ort des Schmerzes oder entlang der Chakras ausgeführt. Im Prinzip kann jeder eine solche Behandlung durchführen. Voraussetzung ist eine völlige Konzentration auf den Patienten. Die Behandlung kann durch Suggestion unterstützt werden. Zitiert nach: www.naturheilkundelexikon.de. (rs)

Lebenskraft in den Oberkörper des Kranken und drängt eine entsprechende Menge kranker Substanz aus diesem hinaus nach unten. Der größere Teil dieser ausgetriebenen kranken Substanz tritt als Rückstrom von unten in den Magnetopathen ein. So erleidet dieser eine doppelte Schädigung. Er verliert von seiner gesunden Substanz und tauscht dafür kranke Substanz ein. Jeder vielbeschäftigte erfolgreiche Magnetopath kennt die fürchterliche Erschöpfung, die ihn abends, wenn er zur Ruhe kommt, befällt und wogegen reichliche, nahrhafte Kost, viel Schlaf und ganz ruhige Lebensweise nur etwas, aber nicht ausreichend helfen. So kann man wohl ohne Übertreibung sagen, dass das Magnetisieren der schwerste und aufopferungsvollste Beruf ist, den es geben kann, sozusagen das sicherste Mittel, unauffällig Selbstmord zu begehen.
Die Sonnen-Äther-Strahl-Apparate bieten nun dem Magnetopathen ein Mittel, diese schweren Schädigungen, die mit seinem Beruf untrennbar verbunden sind, einigermaßen auszugleichen:

1. Der Magnetopath trägt eine Strahltasche (unter der Weste) vor und während der Ausübung seiner Praxis. Dadurch geht eine Neubildung seiner Substanz schon während der Krankenbehandlung vor sich. Nachts legt er die Strahltasche unter sein Kopfkissen.
2. Zur Austreibung der von den Kranken aufgenommenen kranken Substanz benutzt der Magnetopath eine Drahtscheibe, die er nach Beendigung seiner Tagespraxis in einer Tasche hinten innen am Rock trägt.
3. Setzt der Magnetopath den Kranken auf eine Kupferzinkplatte und stellt ein Stativ hinter ihn, so braucht er nur die halbe Kraft zum Magnetisieren und erzielt doch dieselbe Wirkung.

Ganz in derselben Weise kann nun jeder Gesunde ein krankes Familienmitglied behandeln, denn jeder Mensch ist magnetischer Ausstrahlung fähig. Traut man sich diese nicht genügend zu, so nehme man eine Strahlscheibe oder einen Stativkopf zwischen die Hände und führe diese langsam in geringem Abstand über den liegenden Kranken von Kopf zu den Füßen, wende unten angelangt die Strahlscheibe des Apparates nach außen und kehre damit zum Kopf zurück zum nächsten Strich. Dies wirkt auf jeden Fall kräftiger als die Bestrahlung durch den Apparat allein."
Soweit Dr. Korschelt.

In der Literatur wird ein Lichtbild gezeigt, welches die Strahlen zeigt. Das Bild ist ohne Belichtung aufgenommen, folglich ein Beweis für das Vorhandensein von Strahlkräften.
Die Apparate wirken nicht in einem Sinn. Die Strahltasche soll reinen Äther strahlen, entsprechend Magnetismus, da die Kupferkette nicht mit einem anderen Metall in Berührung kommt. Es ist zu bemerken, dass reines Kupfer in Platten nicht strahlt, wie ich gefunden habe. Es liegt demnach an der Konstruktion der

Kette. Apparate mit zwei oder drei Metallen erzeugen hingegen eine Strahlkraft, die dem elektro-galvanischen Strom entsprechen soll. Für festsitzende chronische Leiden ist dieser vorzuziehen, während für vorübergehende örtliche Leiden der Strahl der Tasche vorzuziehen ist.
Bei Nerven- und Gemütsleiden ist der Strahl der magnetischen Tasche vorzuziehen. So schreiben die Professoren Friedländer in Freiburg und Arndt-Schulz: Wohl sind schon im Volk gewisse Schwachstromapparate verbreitet, aber diese liefern galvanischen Strom. Eine Elektrisation mit faradischen[26] Strömen, wie sie von der offiziellen Medizin angewendet wird, wäre bei allen Erkrankungen anwendbar, wenn diese Ströme bis zu Unfühlbarkeit abgeschwächt werden könnten. Die Anwendung eines Apparates, der solche unfühlbaren faradischen Schwachströme dem Körper bei den verschiedenartigsten Leiden vermittelte, wäre also begreiflich, weil die Anwendung solcher Ströme dem einheitlichen Lebens- und Krankheitsprinzip entsprechen würde. Durch Zufuhr eines den elektrischen Lebensströmen im Körper analogen, daher bis zur Unfühlbarkeit, gewissermaßen im Sinn einer homöopathischen Potenzierung, abgeschwächten faradischen Stromes, kann die Leben erweckende Körperelektrizität, der lebenswichtige Stoffwechsel normalisiert und die geschwächten Organe gestärkt und widerstandsfähig werden.
Nach den biologischen Gesetzen von Arndt-Schulz wirken nur ganz schwache Reize anregend, während mittlere bereits lähmend und starke sogar tödlich sind. Wird der Magnetismus bzw. Galvanismus jedoch mit Hilfe des Professor Korschelt'schen Strahlers aus der Natur, unter Berücksichtigung der gegebenen individuellen und atmosphärischen Vorbedingungen erzeugt, so ist eine den Organismus schädigende Überreizung unmöglich.
Es ist nicht die Aufgabe, hier theoretische Untersuchungen über die Herkunft der Strahlen anzustellen, sondern wir prüfen lediglich das Vorhandensein und die Wirkung.
Um zu vermeiden, das Metall als solches auszupendeln, hänge ich Strahlscheibe und Strahltasche an die Wand und halte den Pendel davor. Bei der Strahltasche schlägt der Pendel längliche Ellipsen, die Strahlscheibe schlägt gerade Striche vom Apparat zum Pendler.
Die Strahlen der Tasche werden bei zunehmender Entfernung schnell schwächer, jene der Scheibe kann ich bei langsamem Abnehmen mehrere Meter weit durch den Pendel feststellen.
Die magnetische Strahlentasche ist also in enger Verbindung mit dem Körper anzuwenden, die Strahlscheibe ist entfernt aufzuhängen.
Meinem Schreibtisch gegenüber habe ich eine Strahlscheibe in einen Bücherschrank gestellt. Die Strahlen treffen meinen Kopf beim Arbeiten. Die Entfernung beträgt etwa 2½ m. Die Strahlung wird durch die Glasscheibe nicht aufgehalten. Die Wirkung ist vortrefflich. Allerdings sitze ich nicht ständig am Schreibtisch,

---

[26] Niederfrequenter faradischer Strom wird auch heute in der Elektrotherapie angewendet. (rs)

beim Lesen sitze ich im Nebenzimmer, beim Schreiben auf der Maschine seitwärts. Denn eine Dauerbestrahlung wird zu viel. Aber seit ich diese Anordnung getroffen habe, ist meine Arbeitskraft merklich gestiegen. Ich empfehle diese „Fernbestrahlung“ allen geistigen Arbeitern, die unter Müdigkeit leiden.

Die Strahltasche hat den Zweck, örtliche Schmerzen zu lindern. Ich habe sie bei rheumatischen Schmerzen auf die leidende Stelle, z. B. das Knie, gebunden und konnte Abnahme bis Verschwinden der Schmerzen beobachten.

Ich nehme vier Lichtbilder, zwei von Lebenden, zwei von Verstorbenen. Zuerst lasse ich den Pendel in Bewegung kommen – ich verwende die Strahlscheibe –, dann halte ich die Lichtbilder der Verstorbenen hinter den Pendel, die Ausschläge werden schwächer, der Pendel steht einen Augenblick, dann schlägt er entschiedene, ablehnende Querstriche! *Folglich ist das eine neue Methode, den Tod von Personen festzustellen.*

a Strahlscheibe b Pendel

Jetzt nehme ich die Bilder der Lebenden. Zuerst eine junge, kräftige Dame: Die senkrechten, d. h. auf mich gerichteten Ausschläge werden verstärkt und schneller arbeitet der Pendel! Dann das Bild eines 80-jährigen Freundes (Dr. med.), die Ausschläge werden schwächer, hören aber nicht auf. Folglich ist die vorhandene Lebenskraft erkennbar gemacht!

Nun dieselben Versuche vor der Strahltasche. Bei Lebenden ändern sich die Ellipsen nicht, bei Toten geht der Pendel in Stillstand über.

Wenn ich von vier Lichtbildern spreche, so habe ich damit nicht die Gesamtzahl meiner Versuche bezeichnet, sondern nur einen vom Lernenden zunächst vorzunehmenden ersten Versuch.

Die Entfernung der Strahlscheibe kann durch die Pendelausschläge beurteilt werden. Nach eigener Erfahrung rate ich zu mehreren Metern. Hängt die Scheibe zu nahe, so erregen sich die Nerven, die Wirkung wird unerträglich. Mindestens 2–3

m Entfernung wird vorgeschlagen. Die folgenden Zeichnungen stellen *nicht* mich vor!
Die Strahlen sind nicht kegelförmig, sich mit der Entfernung verbreiternd, sondern in gleichem Umfang! Daher muss die Scheibe so gehängt werden, dass sie genau auf den zu bestrahlenden Körperteil trifft.
Zur Stärkung der Nerven nicht auf den Kopf richten, das erregt die Gehirnnerven, sondern auf das Sonnengeflecht. Besteht Ermüdung und daher der Wunsch nach Anregung, so wird daraus Aufregung, wenn der Kopf bestrahlt wird. Es ist falsch und schädlich, Kopforgane länger als 10–15 Minuten zu bestrahlen.

a Strahlscheibe b Pendel c Lichtbild

Künstliche Strahlungen

Nachdem Sonnen- und Mondstrahlen sich als hochwichtige Heilmittel erwiesen haben, suchte die Industrie gleich Naturersatz herzustellen, weil unsere Kultur zur Meinung verführt worden ist, erst die Kunst gewähre volle Wirkung. So kamen die künstlichen Sonnen und strahlenden Lampen auf. Von diesen wird behauptet, dass sie recht oft schwere Nachteile im Gefolge haben, meistens zu stark sind und daher der Grundforderung, unfühlbar zu sein, nicht entsprechen,.

Wir Pendler mischen uns nicht in den Streit, da wir im Pendel den Apparat haben, der anzeigt, ob eine Bestrahlung gut ist oder schädlich.

Genau wie ich es bei den anderen Strahlapparaten gezeigt habe, kann auch jede künstliche Strahlenquelle auf ihren Nutzen untersucht werden. Wir pflanzen uns eine ausreichende Menge Misstrauen gegen alle Naturersatzmittel ein und prüfen nüchtern gegenüber jeder Reklame die Wirkung. Der Pendel wird zwischen Strahl und Person gehalten, da entscheide der Trennungsstrich zu Ungunsten, der Verbindungsstrich zu Gunsten der Anwendung.

Der erste Versuch ist mit einer gewöhnlichen Glühlampe vorzunehmen, die ja auch zu Lichtbädern verwendet wird. Ich nehme den leichten Pendel und führe ihn zwischen Lampe und Hand. Da macht er Verbindungsstriche und bekundet, dass die elektrische Glühlampe gut wirkt.

Ich führe das Experiment mit einer Wachskerze fort. Da ist der Pendel sehr zufrieden und schlägt günstige Kreise.

Ich zünde eine Gasflamme an. Da gibt es heftige Trennungsstriche! Der Pendel beweist somit die Schädlichkeit der Gasbeleuchtung und auch der Gasöfen. Wo diese in Tätigkeit sind, muss frische Luft zugeführt werden, damit der Schaden ausgeglichen wird.

Es bietet sich dem Pendler oft Gelegenheit zu solchen Untersuchungen! Meine Radioröhren im Empfänger werden ungünstig beurteilt![27] Nur ist der Kasten abgeschlossen, so dass sie nicht schaden können.

---

[27] Heute könnte man dieses Verfahren erfolgreich zur Beurteilung und Meidung von elektromagnetischen Feldern (Elektro-Smog) in der Wohnung anwenden. (rs)

Positiv – Negativ

Wir wissen, dass es fließende Kräfte gibt, deren einer Pol positiv und der andere negativ ist.[28] Dabei ist erkannt, dass positive Strömungen heiß sind, die negativen kalt. Positiv ist der Pol der Abstoßung. Negativ ist der anziehende Pol. Reichenbach drückt das so aus: Vom positiven Pol gehe Hitze aus, er stoße Materie ab, schaffe sie fort, zerstreue sie, während vom negativen Pol Kälte ausgehe, dass er Materie anziehe, herbeischaffe. Folglich ist der positive Pol stoffarm, unentwickelt, während der negative Pol reich ist, üppigere Formen begünstige.

Diese Lehre berührt die Erforschung der astrologisch erkannten kosmischen Kräfte. Positiv, heiß und mager gehören zusammen, ebenso negativ, fruchtbar, zeugend und gefüllte Formen.

Wenn der Pendler Sterneinflüsse auspendelt, soll er darauf Rücksicht nehmen. Wirken doch auch die zwölf Einflusszonen des Tierkreises abändernd auf die Urkraft ein, so dass Mars in einem Zeichen magerer macht als in einem anderen.

Auch für die Krankenbehandlung wichtig: Heiß oder positiv ist fiebrig, verzehrend, abführend, ausscheidend. Kälte vereinigt sich mit negativ, feucht, Stoffansammlung.

---

28 Vergl. dazu die Gegensätze von „Yin“ und „Yang“, auf die bei asiatischen Heilmethoden, Ernährungslehren, Wohnraumgestaltung (Feng Shui) usw. großer Wert gelegt wird. (rs)

Erdmagnetismus, Luftelektrizität

Es wurde vorgeschlagen, das eine oder andere oder beides vereint zur Förderung des Pflanzenwuchses zu benutzen, was etwa durch Lakhovskys Versuche angeregt worden ist.

Ein japanischer Ingenieur namens Hanakura hat über *Perlmuschelbänke* ein elektrisch geladenes Netz gespannt und erreicht hierdurch, dass die Perlen bei diesem Verfahren dreimal rascher wachsen als sonst.

Zweimal wurde diese Sache gewaltig aufgebauscht, zweimal ist sie schnell vergessen worden. Vielleicht, weil zu viel versprochen wurde! Jeder Gärtner kann den Versuch machen. Er legt Drähte in die Erde, tiefer, als die übliche Spatentiefe geht, und führt einen Pol in das Grundwasser, den andern an einem Pfahl in die Höhe, einige Meter hoch. Dann soll die Luftelektrizität durch den Draht fließen und anregend auf das Wachstum einwirken, vielleicht auch die Dungstoffe aufschließen! Was fehlt, sind genaue Nachweise der Ströme! Werden aber dynamische Ströme benutzt, dann ist zu fragen, ob die Beleuchtung durch Farblicht besser ist oder die Leitung durch die Erde! Ich halte diese Dinge noch für ungeklärt.

Die Anregung zum Wachstum kann einfacher durch Unkräuter erfolgen! Die Wurzeln aller Pflanzen scheiden Stoffe aus, um klar zu sprechen: Fäkalien! Diese lagern sich im Boden an und sind die Ursache für Bodenmüdigkeit. Aber es sind die Nährstoffe für andere Pflanzen, die sich schnell ansiedeln. In der freien Natur gibt es daher keine Bodenmüdigkeit, weil stets die geeignete Vergesellschaftung vorhanden ist. So sind wilde Stiefmütterchen die Ausgleichspflanzen für Roggen. So berichtet *Dr. G. Madaus*.[29] Sind die Ausscheidungen sauer, so treten Unkräuter auf, welche die Säuerung aufnehmen. Dasselbe bei solchen mit alkalischen Ausscheidungen. Bekannt sind eine Anzahl Unkräuter, welche gleich die Bodenbeschaffenheit angeben, ob sauer, alkalisch, kalkreich, salzreich usw. Hafer versauert den Boden, Hederich und Ackersenf nehmen die Säure auf und gleichen aus, also ohne Kalkung! Kiefern ohne Birken führen zur Ortsteinbildung[30]! Buchen müssen mit Eichen vermischt werden, um den Boden günstig zu erhalten.

Und: Jede Wurzel strahlt aus!

Was ist „Leben“? Antwort: „Strahlung“!

Es ist nicht möglich, alle Entdeckungen der letzten Jahre noch zu registrieren, auch nicht nötig, da der Pendel ja nichts anderes anzeigt als Strahlungen. Wir pendeln eben nicht mehr die Stoffe aus, sondern deren Ausstrahlungen. Sachlich ändert sich nichts! Es ist eben so: Meine These „Alles strahlt!“ ist heute die These der Wissenschaft.

---

[29] Dr. Gerhard Madaus hat 1938 Pflanzenbeschreibungen (Pflanzenmonographien) veröffentlicht. Sie werden noch heute für wissenschaftliche Zwecke in einer „Heilpflanzendatenbank nach Dr. G. Madaus“ für Recherchen zur Verfügung gestellt. S. auch: www.madaus.de. (rs)

[30] Ortsteinbildung ist eine Verhärtung des Unterbodens. (rs)

Wir können mit dem Pendel feststellen, ob Bestrahlungen nützlich oder schädlich sind.

Englmann (Zentralblatt für innere Medizin 1935/36, Hamburg) hat in 46 Fällen, bei denen der Tod in kurzer Zeit nach der Röntgenbestrahlung eintrat, das blutbildende Knochenmark untersucht, so weit es sich im Strahlenkegel befand. Dabei ergab sich, dass das rote blutbildende Knochenmark zu den strahlenempfindlichsten Geweben des Körpers gehört. Schon relativ kleine Strahlenmengen erzeugen erhebliche Veränderungen, die mit steigenden Dosen zu bleibenden Veränderungen übergehen. Bei den großen Strahlendosen zur Geschwulstbestrahlung kommt es zu einer Vernichtung sämtlicher Blutbildungsherde. Dabei erzeugen diese auf der Haut noch keine chronische Schädigung. *Der Pendel hätte da „Halt!“ geboten.*

Feinkraftflüsse des Weltraumes

An meinen Fenstern hängen mehrere durchsichtige Bilder mit starker Leuchtkraft der Farben. Diese sind auf jeweils zwei durchsichtigen Blättern je zweiseitig bemalt und übereinandergelegt, demnach sind die Farben der vier Seiten durchscheinend. Ganz neue Kunst? Jedenfalls faszinierend! Hergestellt vom Innsbrucker Maler *Dr. Ing. Friedrich Teltscher.* Derselbe beschreibt diese Bilder wie folgt:

„Diese sind im Unterschied von früheren (davon habe ich auch eins vor Augen) folgendermaßen: Sie sind nicht allgemeiner Natur, sondern bestimmte Feinkraftflussvorgänge, welche in unserem Kosmos eine große Rolle spielen, sind im kleinen Maßstab nachgeahmt.

Bild 1: Starker Feinkraftfluss (Feinkraftflusseruption) eines Planeten zur Erde hin. Wenn man dieses Bild so vor die Lampe stellt, dass der untere Teil stark beleuchtet ist (Erdkugel!), so sieht man leuchtende Stellen: Dort wo der Feinkraftfluss des Weltenraumes auf den Feinstoffmantel der Erde trifft, entstehen Zerreißungen desselben.

Bild 2: Meteorfall, begleitet von Feinstofflicht.

Bild 3: Passieren eines Kometen, Lockerung der Feinstoffhülle der Erde, erleichtert hierdurch Umformungsvorgänge auf derselben.

Bild 4: Auftreten von Alpenglühen, das mit Feinkraftflussentladungen aus der Erde heraus verbunden ist."

Das klingt dem reichlich rätselhaft, der das zum ersten Mal liest. Aber schon bei dem ersten Bild, das ich vorher empfing, habe ich die erregende Wirkung erkannt, wenn man die Strahlen des Bildes auf sich wirken lässt. Konzentration ist durchaus nicht notwendig, jetzt werde ich ausprobieren, wie lange ich beim Hängen der Bilder überhaupt arbeiten kann. Es ist dichter Nebel draußen, die kosmischen Feinstrahlen infolgedessen gehemmt. Die Zeit ist begrenzt!

Ich lasse daher aus Briefen des Malers und aus vorliegenden Veröffentlichungen in Hag-All, Gorslebens Zeitschrift, Verschiedenes folgen.

Wir leben auf der Erde und sehen die Gestirne am nächtlichen Himmel ihre Bahnen beschreiben. Die erste Grundlage der Erkenntnis des Weltbildes ist also eine optische. Die moderne Astronomie fußt auf dem Gravitationsgesetz (Zwei Massen ziehen sich umgekehrt proportional dem Quadrat ihrer Entfernung an.). Als Vertiefung im exakten Weltbild tritt daher die Kenntnis gehemmter Kräfte. Also beispielsweise, dass die Erde auf die Sonne stürzen müsste, wenn sie nicht eine Eigenbewegung um dieselbe hätte, diese Eigenbewegung hemmt aber den Sonnensturz.

Nun nimmt aber die Astrologie einen Einfluss der Gestirnstellung auf das Schicksal des Menschen, die Astro-Meteorologie einen Einfluss der Gestirnstellungen auf die Wetterbildung an. Man könnte auch analog eine Astro-Geologie entwi-

ckeln. Alle diese Einflüsse passen in das exakt wissenschaftliche Weltbild nicht hinein, denn weder die Lichtlehre noch die Schwergewichtslehre können derartige Einflüsse erklären.
Man ist also entweder gezwungen, die Astro-Wissenschaften abzulehnen oder nach einer Erweiterung der Grundkräfte unseres Weltbildes zu suchen.
Machen wir hier nun den Versuch, letzteren Weg einzuschlagen und stellen (vorläufig als Arbeits-Hypothese) als dritte Grundkraft neben Licht und Gewicht die Feinkraftflüsse zu den Weltbild-Grundtatsachen.
Diese Feinkraftflüsse sollen nun freie, ungehemmt tätige Kräfte sein, welche die einzelnen Planeten und die Sonne der Erde zusenden, und welche auf der Erde die Rolle formgebender Elemente darstellen würden.
Alle feineren Zusammensetzungen der Mineralien, Gesteine, Versteinerungen, aber auch die der Lebewesen, wären hiernach Folgen von Feinkrafteinflüssen, die aus dem Weltraum zu unserer Erde gelangen. Ja, auch an unserer Stimmungsbildung (Laune) wären Feinkrafteinflüsse beteiligt, sie würden sonach auch auf das politische und ökonomische Leben der Erde einen Einfluss haben.
Die Annahme von Feinkraftflüssen würde also eine Reihe bisher unerklärlicher Tatsachen aufhellen.
Es handelt sich im Folgenden nun darum, für die Möglichkeit des Daseins derartig wirkender Feinkraftflüsse Beweisstoff zu erbringen. Denn eine Arbeitshypothese wird erst dann eine Lehre, wenn sie durch genügend Beweise (seien es geschichtliche, seien es durch Versuche erbrachte) gestützt ist und ferner, wenn ihre praktische Brauchbarkeit durch Anwendungsmöglichkeiten erwiesen ist.
Hier sei noch kurz die Frage gestreift: Wenn es wirklich Feinkrafteinflüsse gibt, warum wurden dieselben nicht schon längst entdeckt und exakt behandelt? Nun, hier berühren wir auch zugleich den am schwersten zu überwindenden Punkt des ganzen Gebietes. Wegen ihrer Feinheit entziehen sie sich meist unserer unmittelbaren Beobachtung, oder anders ausgedrückt: Unsere normalen Sinnesorgane (Auge und Ohr) sind nicht für Feinkraftflüsse geeignet und unsere medialen Sinnesorgane sind zumeist vollkommen verkümmert. Trotzdem lassen sich Feinkraftflüsse unmittelbar nachweisen. Nun lasse ich Gorsleben selbst sprechen:

Bilder als Kraftquellen

Dass Bilder, ganz allgemein Kunstwerke als magische Erzeugnisse, auch in der bisherigen materialistischen Auffassung gefühlsmäßige, also unmessbare, Werte für den Beschauer und Verehrer enthalten, daran zweifelte niemand, obwohl streng genommen im „materialistischen Weltbild“ für solche Unwägbarkeiten kein Platz war. Es ist darum kein kühner Schritt bis zur weiteren Annahme, dass Bilder nicht nur wohltuende, angenehme, anregende Betrachtungen beim Beschauer auslösen, das Auge erfreuen, Verzückung, Ekstase, Schmerz, Lust, Schrecken, selbst Irrsinn erregen, sondern dass sie gesteigerte Kräftesammlungen,

sozusagen Feinkraft-Anlagen sind, sogar Heilwirkungen erkennen lassen. Von den tatsächlich Wunder wirkenden Gnadenbildern wollen wir hier absehen, weil mit diesen meist erst nach ihrer Fertigstellung magische Handlungen vorgenommen wurden. Eine Frage, die hier nicht angeschnitten werden soll, wo wir rein künstlerische Beziehungen zu beleuchten suchen.
Die verschiedenartige Wirkung der Pinseltechnik, der bewussten und unbewussten magischen Technik überhaupt, lässt sich in jeder guten Galerie an Gemälden und anderem Bildwerk studieren. Das Aufnahme-Zentrum für Feinkraftflüsse ist die Seele. Ein sensibler, empfindsamer Beschauer fühlt bei Betrachtung entsprechender Gemälde, Zeichnungen, Radierungen und dergleichen, unklar zwar, aber unzweifelhaft fein, jene Seelenschwingungen, die den Maler bei der Anfertigung des Bildes bewegt haben. Wir können das seelische Resonanz, Mitschwingung nennen.
Jedem wahren Kunstwerk ist eine gewisse innere, Seele, Geist und Körper mächtig erregende, Schwingungskraft zu eigen. Es hat daher nicht nur eine äußerliche Farbwirkung auf die Netzhaut unseres Auges, sondern auch einen gefühlsmäßigen, rhythmischen, seelischen Inhalt, der aber passiv ist, unveränderlich, d. h. nach Fertigung des Werkes immer gleich bleibt.
Durch gewollte Steigerung der odischen Einflüsse, der „Ladung", ist aber auch die feinstoffliche magische Selbsttätigkeit nach Fertigstellung eines Werkes, hier eines Bildes, ermöglicht. Solche Bilder sind in ihrem feinstofflichen odischen Rhythmus durch die Seelenverfassung, die innere Mitschwingung des Beschauers, selbst erregbar. Sie sind also nicht gleichgültig gegenüber ihrer Umgebung, sie sind veränderlich, subjektiv, aktiv.
Ich bin lange selbst im Zweifel über die tatsächliche Wirkung solcher Bilder gewesen und prüfte mich und andere peinlich genau, ob nicht schließlich allzu guter Wille oder Einbildung uns die Erscheinungen vortäuschten, bis ich durch ein kleines Erlebnis sehr nachdrücklich auf die ungewöhnlichen Kräfte dieser Bilder hingewiesen wurde.

Ich besuchte eines Tages Dr. Teltscher in seiner Wohnung in Innsbruck. Ich saß dem offenen Fenster gegenüber und kämpfte mit einer hartnäckigen Schläfrigkeit, die mich allmählich mit dem Augenblick zu überfallen schien, in dem ich meinen Platz eingenommen hatte. Ich drehte mich deshalb mit dem Stuhl gegen die Wand, vom Fenster weg, weil ich der Meinung war, die ins Fenster scheinende Sonne blendete mich, denn ich konnte kaum die Augen offen halten. Mein Zustand von Müdigkeit und Erregung zugleich wurde aber nicht besser, sondern schlimmer. Da fiel mein Blick mit einem Mal auf die Wand, wo 8 Bilder Teltschers, eng zusammengerückt, in zwei Reihen übereinander hingen. Ich war mir im Augenblick über die Ursache meiner merkwürdigen, starken Erschöpfung[31] klar und äußerte sie gegen Dr. Teltscher, der lächelnd bestätigte, ich hätte soeben

---

[31] Im Original: „Angegriffenheit". (rs)

ohne Vorbedacht meine Empfänglichkeit für odische Feinkrafteinflüsse experimentell erwiesen. Die Bilder seien auch außerordentlich schwer geladen mit Feinkräften und würden in dieser Ansammlung eine Feinkraftanlage von außergewöhnlicher Wirksamkeit darstellen. Wie bei allen Medikamenten und Mitteln sei auch hier ein Zuviel zu vermeiden.

Ein vertrauterer Umgang mit den Feinkraftflüssen des Weltalls überhaupt wird uns lehren, wie diese Kräfte zum Wohle des Menschen zu leiten und zu benutzen sind. Die Hauptwirkung der Bilder von Teltscher besteht darin, dass sie geistige Reinigungs- und Nährmittel sind, also geistig erfrischend und reinigend wirken, allerdings darf die Dosis nicht zu stark, also die Betrachtungsdauer nicht zu lange sein.

Das neue Reich der Erkenntnisse und Bestätigungen, die uns die Feinkraftlehre erschließt, wird ähnlich wie die Entdeckung der Elektrizität und ihrer vielfachen Verwendungsmöglichkeit umwälzend für die Menschheit sein. Aber die Feinstoffe beschränken sich eben in ihrer Wirksamkeit nicht nur auf das Körperliche, auf das Physische, sondern vorzüglich auch auf das Geistige und Seelische. Wir dringen hier in ein Gebiet des Übersinnlichen vor, wenn wir nicht nur die fünf körperlichen Sinne als ein Mittel anerkennen, mit denen wir die Umwelt auffassen und begreifen können, das bisher der unbewussten Erfahrung und der experimentalen Nachprüfung verschlossen war. Bestimmte Ausnahmen zu allen Zeiten sind zugegeben, ja, es ist erwiesen und belegt durch älteste Überlieferungen der Menschheit, wenn die Mythen, Sagen, die alten heiligen Bücher aller Völker und Zeiten nur recht verstanden werden, dass einst ein magisches Zeitalter Menschen sah, die mehr vermochten als wir Menschen von heute, so entwickelt sich unsere Technik im Grobstoff auch darstellt.

Und jetzt wieder Dr. Ing. Teltscher in einem Brief an mich:

„Ich bin der Ansicht, dass die nähere Kenntnis der Feinkraftflussgesetze, deren Theorie, welche ja jetzt in erster Entwicklung begriffen ist, in mannigfacher Weise auf den verschiedensten Gebieten von Einfluss werden wird, so beispielsweise auf dem Gebiet der Astrologie, des Einflusses der Planeten, Fixsterne, auf unser menschliches Erdendasein. Der Feinkraftflussbegriff im allgemeinsten Sinne des Wortes beinhaltet eine Formungsfähigkeit, Formung als Gegensatz zu Führung: Erstere gibt Form, letztere Bewegung. Demnach: Die Planeten usw. beeinflussen sowohl die Formung als auch die Führung unseres Schicksals, wirken also nach zweifacher Grundrichtung.

Führung beinhaltet mehr nach außen gerichtete Ereignisse, Formung mehr nach innen gerichtete. Eine Krankheit kann von außen oder mehr von innen kommen, je nachdem, ob dieselbe eine Führungs- oder eine Formungswurzel hat. Jedenfalls ist es meiner Ansicht nach vorteilhaft, alle Wirkungsmöglichkeiten, auch Ferneinflüsse, in eine aktive und eine passive Führungskategorie zu trennen, da man hierdurch eine vertiefte Einsicht über die Wirkungsart und Wirkungsmöglichkeit erhält.

Ein Planet kann beispielsweise auf uns aktiv gut, aber passiv schlecht wirken, da ja die Führungs- und Formungskraftwirkung desselben aus zwei ganz andern Wurzeln fließt.
In unserem tatsächlichen Leben summieren sich beide Wirkungsarten zu einer Gesamtwirkung, so dass die Erkennung und Unterscheidung beider Arten schwer ist."

Aus einem anderen Brief:
„Als vorläufig sichersten Berührungspunkt glaube ich die Kraftwirkungen der Planeten (Punkt 3 Ihres Schreibens vom 26. August) annehmen zu können.
Wir leben auf der Erdoberfläche und empfangen die verschiedenartigsten Kraftwirkungen von Kraftzentren, welche unser Schicksal beeinflussen, welche wir in den einzelnen Planeten unseres Sonnensystems sichtbar vor Augen haben.
Vom kosmisch-technischen Standpunkt aus ist nun die eingehende Analyse dieser Kraftwirkungen, Übertragungsart, Wechsel, Dauer usw. von grundlegender Bedeutung – ganz in Übereinstimmung der diesbezüglichen Ergebnisse der Astrologie und Astrometeorologie.
Vom kosmisch-technischen Standpunkt aus ist zunächst eine Zweiteilung der Kraftwirkungen geboten in:

1. aktive, führende, bewegende Kraftarten,
2. passive, formgebende, gestaltbestimmende Kraftarten.

Unser Schicksal ist von aktiven und passiven Komponenten zugleich beeinflusst.
Unser irdisches Leben kann erlöschen durch eine aktive Störung (Stoß, Fall, Verletzung) oder durch eine passive (Versagen der inneren Lebenskräfte, innere Krankheiten), zumeist sind jedoch aktive und passive Komponenten miteinander vermischt.
Als Schicksalsbestimmer bezeichnen sie in erster Linie Sonne und Saturn – vielleicht könnte die Sonne in erster Linie unser aktives, der Saturn unser passives Schicksal leitend bestimmen –, doch sind dies mehr rein astrologisch orientierte Fragenkomplexe.
Kosmisch-technisch interessiert in erster Linie die Frage: Welche fassbare Kraftwirkungen vermitteln uns die Kräfte, welche den Planeten inne wohnen, das heißt, wie findet eigentlich die Kraftübertragung Planet–Erde statt.
Hier glaube ich auf Grund meiner eingehenden theoretischen und experimentellen Forschungsarbeiten vorläufig folgende Hypothese aufstellen zu können:
Die aktive Kraftwirkungsübertragung besorgt die vierpolige kosmische Elektrizität, die passive hingegen die formenden Feinkrafteinflüsse des Weltenraumes (von denen auch in meinem Aufsatz im ersten Heft Hag-All, Juli 1929, die Sprache ist).
Die bisher bekannten Strahlungsarten wie Sonnenlicht, gewöhnliche Ätherschwingungen usw., können meiner Ansicht nach nicht so durchgreifend wirksame und fein abgestimmte Übertragungswirkungen hervorrufen.

Dass diese meine Anschauung nicht bloß eine rein spekulativ-fiktive ist, beweisen praktische Experimente in Bezug auf formende Feinkraftflüsse, welche mir in diesem Jahr geglückt sind und welche ich noch weiter auszubauen hoffe.

Vom kosmisch-technischen Standpunkt aus sind die Planeten zwar Kraftzentren, aber keine Primär-Kraftzentren, sondern Sekundär-Kraftzentren. Das heißt, sie schwingen in Resonanz mit Kraftzentren, welche in uns nicht mehr direkt zugänglichen Zonen liegen. Demnach müsste es gelingen, auch auf der Erde selbst derartige kleine Modell-Kraftquellen zu konstruieren, welche in Resonanz mit den primären Kraftquellen arbeiten.

Tatsächlich konnte ich auch durch richtige Verwertung der Farb-Resonanzkräfte kleine Modell-Kraftquellen herstellen, welche eigenartig umformende Kraftwirkungen zeigen.

So konnte ich beispielsweise Kochsalz durch Bestrahlung in einen wasserunlöslichen Körper bedeutend größeren Volumens umwandeln usw.

Da diese kleinen Modell-Kraftquellen in Resonanz mit den großen Primärkraftquellen arbeiten, ergeben sich manchmal eigenartige Erfahrungen. So konnte ich einmal beobachten, dass sich Wasser spontan in eine gallertartige Masse verwandelte. Diese meine experimentellen Untersuchungen sind noch nicht abgeschlossen, doch glaube ich, dass sich hieraus auch Ergebnisse auf die allgemeine Erdentwicklung ergeben könnten (sozusagen auf eine Astrogeologie). Denn gerade so gut wie die kleinen Modell-Resonanzkraftquellen Körper umwandeln, welche mit denselben in Berührung kommen (Kochsalz, Wasser usw.), könnten nach obiger Anschauungsweise die Kräfte der Planeten auf die Erde eingewirkt haben. – Die heutige Geologie nimmt der Hauptsache nach nur Eigenkraftwirkungen der Erde für deren Entwicklungen an (Vulkanismus, Erstarrungsdruck, Wind-, Wasserwirkungen usw.), was meiner Meinung zur vollen Erklärung der Erdentwicklung bei weitem nicht ausreicht. Ich glaube, dass auch hier Berührungspunkte zwischen Astrologie und kosmischer Technik vorhanden wären.

Ein weiterer wichtiger Punkt ist die Frage der feinstofflichen Ernährung des Menschen. Der Mensch braucht ja, um bei voller körperlicher und geistiger Frische zu sein, nicht allein grobstoffliche Nahrung (Brot usw.), ein Grundprinzip, dem schon insbesondere manche indische Philosophenschulen Rechnung trugen (Atem-Praxis usw.).

Auch hier dürfte den Planetenstrahlungen eine Rolle zuzuteilen sein. Sie schreiben ja beispielsweise dem Neptun spezielle seelische Wirkungen zu, was in dem hier gebrauchten Sinn bedeuten würde, dass der Neptun insbesondere seelisch formende Feinkraftflüsse aussenden würde (also eine Feinkraftquelle feinster Art bedeuten würde).

Analog sind nun meine Feinkraftbilder, insbesondere jene der letzten Zeit, derartige Feinkraft-Resonanzquellen der edelsten Art. – Ich habe an mir und an anderen Personen, welche genügend sensibel sind, die Beobachtung gemacht, dass die Verwendung dieser Bilder geistig erfrischt und das geistige Altern vermindert.

Meiner Ansicht nach werden wir insbesondere im Moment der Geburt an die Feinkraftquellen der Planeten angeschaltet, bleiben also Zeit unseres Lebens mit der Planetenstellung im Moment der Geburt indirekt verknüpft. Hierdurch erhalten wir ständig die uns zum Leben notwendige Feinkraftnahrung geliefert. – Und zwar in Mischung der Art, wie dieselbe sich durch die Planetenstellung im Moment der Geburt (Geburtshoroskop) ergab.
Diese planetarischen Feinkraftanschlüsse halten zwar meist mehrere Jahrzehnte (50–60 Jahre) ziemlich gut, werden aber dann brüchig, in dessen Folge der Mensch geistig zu altern anfängt. Gelingt es nun ähnlich wirksame Klein-Resonanzkraftquellen herzustellen (wozu, wie erwähnt, meine Feinkraftbilder ein erster Anfang sind), so könnte diesem Übelstand abgeholfen werden. Hier liegt noch ein weites und wichtiges Feld der praktischen, kosmischen Technik.
Gerade das Kind ist am frischesten und lebhaftesten, da es eben nach dieser Anschauung noch gut funktionierende Feinkraftanschlüsse besitzt (sofern dieselben nicht durch irgendeine Ursache zerstört sind – Feinstoffkrankheiten usw.).
Ich glaube, dass auch hier ein Gebiet vorliegt, in welchem Astrologie und kosmische Technik zum Heil der leidenden Menschheit zusammenkommen könnten.
Zur Verwendung der Bilder ist es bloß erforderlich, dieselben vor eine elektrische Tischlampe zu stellen, und das Bild einige Minuten (nicht länger als 10 Minuten) aus größerer Entfernung (Zimmerlänge) zu betrachten. Je nach Stellung des Bildes (aufrecht, umgekehrt, oberer, unterer Teil beleuchtet) gibt es anders nuancierte Feinkraftströme ab. Doch darf man dasselbe nicht zu lange betrachten, da sonst die ungewohnten Feinkraftströme erregend wirken könnten (unruhiger Schlaf).
Ich verwende derartige Bilder täglich bis zu einer Stunde, da ich an die Strahlungen schon gut gewöhnt bin und fühle mich geistig trotz angestrengtester Arbeit immer jünger statt älter werdend. Anscheinend ist es mir vorläufig für meine Person geglückt, das Feinkraft-Ernährungsproblem zu lösen.
Bei meinem Geburtshoroskop stehen alle Planeten über dem Horizont, was bezüglich der obig entwickelten Anschauungen eine ganz einseitige Feinkrafternährung durch die Planeten darstellt (Instinktivpunkt mangelhaft ernährt).
Vielleicht könnte es zukünftig durch Spezialisierung dieser Feinkraftnährmethode gelingen, die durch das Geburtshoroskop bedingten Feinkraftnahrungsmängel zu verbessern.
Mit vorzüglicher Hochachtung

Dr. Ing. Friedrich Teltscher.“

Dem Leser wird diese ganze Forschung fremd sein, theoretisch lässt sich nichts beweisen. Ein Bild zur Probe anzufügen, geht auch nicht.

Mit dem Pendel durch die Wohnung

Vor dem Spiegel meine Person: Der Pendel bleibt stehen. Wie er auch stehen bleibt, wenn zwei Briefe oder Lichtbilder verglichen werden, ein Stück unter dem Pendel, die linke Hand auf dem andern, falls sie beide eine Person betreffen!
Ich pendele die Bilder aus. Bei allen Radierungen und Holzschnitten bleibt der Pendel stehen, vor allen Gemälden und Handzeichnungen Ausschläge, teils Einkreisungen zu meiner vorgehaltenen linken Hand, teils auf mich zukommende grade Ausschläge oder Ellipsen.
Mein Horoskop ist in zwei künstlerischen farbigen Ausführungen vorhanden, eine Ausführung von Adelheid von Chlingensperg in Gmunden, die andere von W. Effert in Köln. Beide strahlen stark aus, ich erhalte die lebhaftesten Einkreisungen.
Die Art der Pendellinien ist nach dem bereits Mitgeteilten leicht verständlich.
Es ist durchaus nicht gleichgültig, was für Bilder uns umgeben! Auch nicht die Charakteranlage der Künstler! Der Pendel unterscheidet deutlich zwischen Kitsch und Kunst!
Das heißt, die Radierungen und Holzschnitte werden redend, wenn der Pendel die Aufgabe erhält, nach Art der Charakterpendelungen die Bilder zu deuten. Ich nehme beispielsweise zwei Handdrucke von Rud. Richter in Cannstatt: „Schicksal“ und „Steinbock“ astrologisch erfasst. Beide geben übereinstimmend zwei Ausschläge, den der Geistigkeit und Kunst.
Dann eine Radierung von Prof. W. Steinhausen, die ich persönlich von ihm erhalten habe, der Zinsgroschen, wobei er selbst neben Jesus abgebildet ist. Hier tritt eine neue Pendellinie auf, zu den beiden eben angegebenen: Ellipse im Feld für reine Menschenliebe!
Der Gegensatz: Abbildungen aus der Sittengeschichte des Lasters, z. B. Zeichnungen von R. Schlichter: Es kommen nur Linien aus dem unteren linken Quadranten. Sie sprechen von Mord, Hass, niederen Leidenschaften. Der Pendel wirft auch die Abbildungen Homosexueller in diese Klasse.
Das Plakat einer Weinstube, entworfen von H. Bischoff: dasselbe!
Also auch die Reklamen lassen sich auf ihren Charakter auspendeln.
Versucht's!

Nicht nur Radium ...

Als weiteren Beweis für die Bedeutung der Jetztzeit für Strahlenforschung füge ich eine Mitteilung über Strahlungen von Schwermetallen von Dr. A. Sack an. Nur wenige Pendler werden Gelegenheit finden, hier Studien zu machen. Wer jedoch die Gelegenheit findet, versäume es nicht, denn ich bin der Meinung, dass der Feinpendel diese schwachen Strahlungen erkennen und anzuzeigen vermag.

Je mehr die neue Physik und Chemie in die Struktur des Universums eindringt, umso eindeutiger wird die Überzeugung bei den Naturforschern, dass die auf Qualität aufgebaute Verschiedenheit der Stoffe, die das Weltall erfüllen, sich zurückführen lässt auf quantitativ verschiedene Zusammenballungen gewisser Energien des Alls. Die Materie wäre die zusammengeballte Energie und ihre verschiedenen Repräsentanten, die man früher als unzerlegbare Urstoffe, als Elemente ansah, lassen sich jetzt an Hand des periodischen Systems und der Radioaktivitäts- bzw. Uran-Radiumzerfalls-Erscheinungen in bestimmte, quantenmäßig ineinander übergehende Metallreihen zerlegen.

Ist dem aber so und sind die Metalle nur verschiedene Stufen jener Zusammenballung, so ist der Analogieschluss zulässig, dass die Strahlung bzw. Emanation nicht allein dem Metall *Radium*, bei dem sie einwandfrei festgestellt und auch messbar ist, eigen ist, sondern auch bei anderen Metallen, wie Zink, Silber, Blei, Kupfer usw. als den vermutlichen Nachstufen des Zerfalls von stark radioaktiven Elementen anzunehmen sei.[32] Allerdings in einem viel geringerem Maß, ja in so minimalem Grad, dass ein empirischer Nachweis bis jetzt noch kaum gelungen ist.

Diese bei schweren Metallen der Erde und des Weltalls vorausgesetzte Strahlung, die so schwach ist, dass sie kaum wahrnehmbar sein soll, ist von den Forschern, die ihre Aufmerksamkeit auf sie gerichtet haben, als oligo-dynamische ([griech.] „oligos“ = gering, „dynamis“ = Kraft) Fernwirkung erkannt und so benannt worden. Das heißt mit anderen Worten, dass diese Metalle eine recht schwache Strahlung aussenden, die sich mit der Strahlung des Radiums (mit seinen verschiedenen harten Strahlen) nicht vergleichen lässt, allerdings aber genügt, um gewisse biologische Veränderungen in den Geweben und deren Zellen hervorzubringen, die weniger gewebezerstörend, dafür aber mehr regulierend wirken. Man hat sich gefragt, warum bestimmte Metalle (Silber, Quecksilber, Blei usw.) keine kleinen Lebewesen, Fäulnis- und Krankheitserreger aufkommen lassen, warum die Leichen, die in Bleikammern eingeschlossen sind, nicht verwesen, warum sich die in Mexiko in Kupferbergwerken bestatteten Leichen mumienhaft konservieren. Warum versenkt man in die Aquarien Metallmünzen, um die Ansiedlung von Schimmelpilzen und Algen einzuschränken?

---

[32] Heute sind viele Metalle mit radioaktiven Strahlungen bekannt und im „Periodensystem der Elemente“ aufgelistet. (rs)

Muss da nicht eine allen diesen Vorgängen zu Grunde liegende Ursache angenommen werden, die nur als Strahlung in die Ferne erklärt werden kann?
Es ist das Verdienst von *Dr. Br. Pfab*, Dozent an der Universität Graz, Oberarzt am dortigen Unfall- und orthopädischen Spital, diese *oligo-dynamische* Fernwirkung der Metalle (Silber, Zink, Kupfer) und deren Salze genau und experimentell studiert zu haben. Diese Studien befinden sich erst im vorbereitenden Studium. Das aber, was Pfab der medizinischen Welt bereits mitgeteilt hat, berechtigt zu den schönsten Hoffnungen, auch in therapeutischer Beziehung. Durch bakteriologische Untersuchungen konnte speziell für das Metall Zink nachgewiesen werden, dass es in fein verteiltem Zustand das Wachstum der Eitererreger stark eindämmt. Auch konnte durch die Zersetzung des Bromsilbers der fotografischen Platte das „granulierte" Zink (besonders stark nach einer Belichtung) als *strahlendes* Metall erkannt werden. Seine Strahlen haben eine geradezu spezifische Wirkung auf die Funktion der Schweißdrüsen des Menschen, indem sie deren Sekretion in auffallender Weise beschränken, die mit der übermäßigen Schweißabsonderung besonders der Füße einhergehende Quellung der Haut mit der bekannten Blasen- und Wundbildung an der Sohle und den Zehen rasch zur Norm zurückführen und den unangenehmen Geruch gänzlich beseitigen. Die deutsche Reichswehr hat die Korkstoffplatten mit feinem Belag aus gediegenem Zink gegen Schweiß- und Wundfüße mit sehr gutem Erfolg bei ihren Märschen in weitgehendem Maß erprobt. Zurzeit befinden sich auch die Verbandstoffe mit metallischer Zinkgranulation, nach einem besonderen patentierten Verfahren behandelt, zur Beseitigung des Achselschweißes in Vorbereitung. Diese Hilfsmittel beseitigen mit einem Mal diese bis dahin nicht beeinflussbaren, lästigen und antisozialen Übel sicher und rasch.
Doch sind es nur Einzelkapitel aus dem Gebiet der Oligo-Dynamik. Es wird unaufhaltsam daran weiter gearbeitet, heilbringende Eigenschaften des Silbers, Zinkes und Kupfers für die aseptische, rasche Wundversorgung genau zu beschreiben und zum Wohl der leidenden Menschheit auszuwerten.

Abteilung: Farben

Besorge dir möglichst viele verschiedenfarbige Glanzpapiere und einen Karton mit 12 Pastellstiften. Von dem Glanzpapier schneide je ein gleichgroßes Stück zum Experimentieren ab, etwa 3 cm groß in jeder Richtung. Spitze die Pastellstifte, schabe von jedem etwas auf ein Blatt weißes Papier.
Konzentriere dich auf das Auspendeln der Farben, nicht der Farbstoffe. Dann erhältst du folgende Figuren:

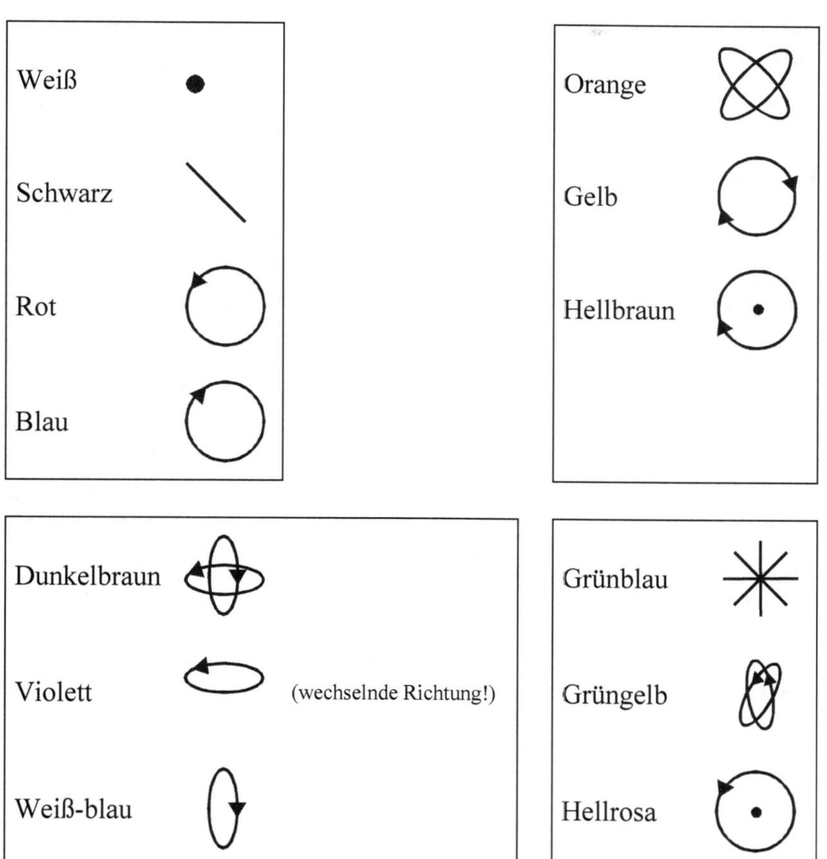

Mische weiß und blau in Pastellfarben, lege weißes und blaues Glanzpapier aufeinander, dann ist folgendes zu sehen: also weiß und blau kombiniert, das ist

hellblau. Mache dasselbe Experiment mit weiß und rot, so zeigt der Pendel ⟲. Also wieder die Verbindung der Einzelausschläge.
Ich habe einen Rosenstrauß auf meinem Schreibtisch stehen, ich pendele auf Farben: die roten Rosen, ⟲ die lachsfarbenen ⟲.

Mein Zimmer ist blau gestrichen, die Decke in gelb. Ob diese Farben zu mir passen? Da mache ich einen Vorversuch, ich lege alle Stücke Glanzpapier in der Reihe auf, berühre mit der Linken diese Stück für Stück. Der Pendel rührt sich nicht bei denjenigen Farben, die mir astrologisch zustehen, er pendelt unbekümmert die Farben bei denjenigen Farbproben, die mir nicht zustehen. Nun prüfe ich die Wände, die Decken, meine farbigen Kleider: Alles geht genau nach demselben Schema. Meine grüne Linoleum-Schreibunterlage pendelt grün. Ich stelle die Frage, ob die Farbe mir zusteht, sofort hören die Ausschläge auf und der Pendel ruht.
Da taucht der Gedanke auf: Bei den Medikamenten war es doch gerade umgekehrt, da bewegte sich der Pendel bei den helfenden und trennte oder stand still bei den nicht helfenden Mitteln? Das ist auch ganz logisch! Die Stoffe, die meine Person enthält, verursachen keine Beschwerden und daher Pendelruhe, sie passen, stehen mir daher zu, ich gebrauche sie nicht zur Heilung. Die Heilstoffe aber fehlen, der Pendel will sie zugeführt haben. Grün wirkt fieberwidrig. Bin ich normal temperiert, bleibt der Pendel ruhig stehen. Wenn ich Fieber habe, wird der Pendel schwingen. Rot erregt die Nerven, der Pendel zieht die Figuren, folglich können meine Nerven durch Rot erregt werden, nur betrachte ich das schädlich für meine Arbeit. Folglich lehne ich Rot in Kleidung und Zimmerfarben ab. Wer also keine Farben tragen will, die den Körper umstimmen, also auf ihn einwirken, wählt ihm zustehende Farben.
Astrologisch gewählt sind die Farben des jeweiligen Aszendenten und der Zeichen zuständig, in denen Sonne und Mond stehen. Wer besonders von einem stark gestellten Planeten beeinflusst wird, hat auch die Farbe des Planeten zu beachten. Wer einigermaßen eindrucksvoll ist, wird stets die ihm zustehenden Farben aus sich heraus bevorzugen. Da aber unsere Stofffabrikanten die Farben in einer Weise mischen, dass schwer ein gemusterter Stoff ohne unpassende Farben zu haben ist, so erkenne nun eine gewisse Ursache durch den Pendel: Auf die Dauer erträgt der Körper keine unpassende Farbe und das Kleid wird zuwider! Passende Kleider trägst du gern und bedauerst deren Verschleiß. Bestimme daher die Farben für dich, achte beim Einkauf von Stoffen darauf, so wirst du länger Freude an deinen Sachen haben.
Das gilt aber auch für alle Gebrauchsgegenstände: von der Krawatte bis zur Blume, von der Gardine, der Tischdecke, dem Unterzeug bis zum Tontopf oder den Bildern an der Wand.

Mir steht durch Jupiter und Merkur blau, durch Saturn grün, durch Jungfrau gelb zu: Ich habe Vorhänge am Fenster, die grün-blau gemustert sind. Der grüne Kachelofen passt zur blauen Zimmerwand. Ich empfinde blau-grün-gelb (gelb: Zimmerdecke) als einen sehr beruhigenden, angenehm harmonischen Akkord, während anders gestimmte Personen selbst einen blauen Himmel über dem grünen Wald nicht leiden mögen.

Astrologische Zuteilung der Farben nach alter Lehre:

Widder:	rot
Stier:	blau
Zwillinge:	gelb
Krebs:	violett
Löwe:	goldgelb
Jungfrau:	orangegelb
Waage:	blau
Skorpion:	rot
Schütze:	purpur
Steinbock:	grün, braun
Wassermann:	indigo
Fische:	silbergrau

Sonne:	orange, gelb, purpur
Mond:	grün, safrangelb, silbergrau
Saturn:	blau, schwarz, braun, grau
Jupiter:	purpur, indigo, gelb
Mars:	rote, brennende Farben
Venus:	gelb, weiß, grün
Merkur:	violett, blau

Neuzeitliche Astrologen suchen andere Beziehungen zwischen Tierkreiszeichen und Farbe. Lege die Glanzpapierstücke oder etwa den Ostwaldschen Farbenkreis zur Linken, die Symbole der Tierkreiszeichen, einzeln aufgeschrieben, zur Rechten, den Pendel darüber und die linken Finger berühren einzeln die Farben: Es kommt eine andere Skala heraus, beginnend mit gelb, über rot-blau-grün nach gelb zurückkehrend! Ich habe es so gefunden.

Prof. Dr. Bähr hat die Farben ebenfalls untersucht und deren Gradausschläge ermittelt. Er bekennt sich als Anhänger der Goethe'schen Farbenlehre[33].[34]

[33] Johann Wolfgang von Goethe arbeitete über zwei Jahrzehnte an seiner Farbenlehre, die Anfang des 19. Jahrhunderts erschien. Es war seine geschlossenste und umfangreichste, aber auch problematischste naturwissenschaftliche Arbeit. Mehr Informationen unter: www.goethe-net.de/farbenlehre.htm. (rs)

[34] Anmerkung vom Verlag zur Abbildung auf der nächsten Seite - Hier haben wir Korrekturen vorgenommen: Bei der Farbe Gelb stand im Original „Gelb 450°", bei „Violett 515°".

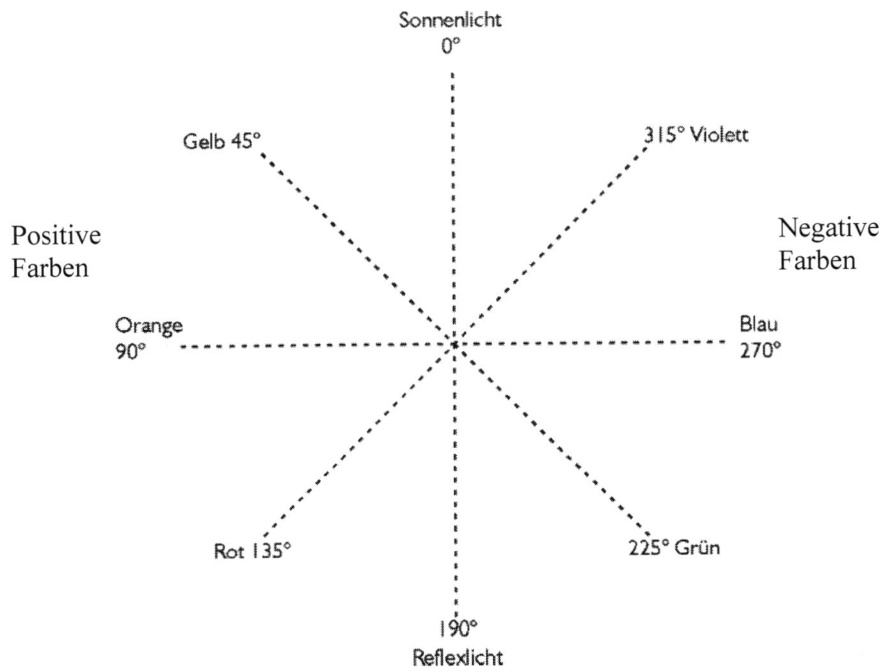

In dieses umfangreiche Spezialgebiet kann hier nicht eingegangen werden. Prof. Bähr hat die prismatisch gebrochenen Sonnenstrahlen und auch materielle Farben eingehend untersucht, ferner die Wirkung der Farben auf das Gemüt und das Nervensystem geprüft. Diesbezüglich sagt er:

Die Farbenlehre ist ein ungemein fesselndes Gebiet! Goethe und Newton bezeichnen die Gegenpole; es hat den Anschein, als wenn Goethe den Jahrhunderte langen Streit zu seinen Gunsten entscheiden würde. Es muss aber alles von Goethe darüber Geschriebene studiert werden, die Farbenlehre allein genügt nicht! Ich lade zu Spezialforschungen ein, die sehr anziehend sind. Der Pendel eröffnet neue Untersuchungsmethoden, es ist ein noch ziemlich brachliegendes Feld.

Bei den jetzigen dunklen Tagen mache ich jeden Tag ein Experiment nach Goethe. In meinem Schlafzimmer ist die Lichtquelle durch eine Ampel, bespannt mit violetter Seide, abgedämpft. Sehe ich einen Augenblick auf diese Lampe und lenke dann die Augen zur Seite, erblicke ich das Bild der Ampel auf der hellen Zimmerdecke, *aber in hellgrün*. Ähnliche Farbenexperimente sind im Garten mit leuchtenden Blumen zu machen. Sehe ich auf das grüne Bild und nehme den Pendel, so erhalte ich den Ausschlag für grün, sehe ich auf die Lampe, für violett. Diese Beobachtung wird viel seltener gemacht als die mit dem weißen Punkt auf schwarz oder schwarzem Punkt auf weiß, wobei das „Schattenbild“ eine gerade

Umkehrung ist, weiß wird schwarz. Dieses Experiment bestätigt den immateriellen Charakter der Farben.
Es können die Farben mit Materien verbunden werden: Erdfarben, Teerfarben, Metallfarben usw. Jetzt haben wir zwei verschiedene Strahlungen, die der Farbe und die der zur Bindung benutzten Materie. Und der sogenannte „objektive exakte Wissenschaftler" beginnt mit abgestellter Willenskraft seine Untersuchungen. Ich stelle zwei solcher Versuche nebeneinander, ausgeführt von zwei Männern, deren Ideen und Schriften mir überwiegend sympathisch sind: Dr. Weiß und Johannes Zacharias.
Dr. Weiß hat angegeben, welche Farbmaterialien er für seine Untersuchungen genommen hat – erstens farbiges Glanzpapier, zweitens immaterielle Farben, durch Strahlung bzw. Filtration auf Milchzucker oder verdünntem Weingeist gewonnen. Dabei haben die Pendelschwingungen anfänglich wohl Unterschiede gezeigt, mit gesteigerter Übung sind sie einheitlich geworden. Ich deute das so: Dr. Weiß hat in seinem Bewusstsein nach und nach einen Kanon der Farbenschwingungen gebildet, das hat dazu geführt, die reinen Farbschwingungen von den Schwingungen der jeweiligen Vehikel zu sondern, er hat den Pendel dirigiert! Anders Johannes Zacharias. Er gibt nur an: Farben. Seine Untersuchungen sind mit sieben Pendeln von verschiedenen Stoffen vorgenommen worden (Messing, Magnesium, Kautschuk, Gallapfel, Glaskugel, Stahlkugel, Silberkugel). Ergebnis: Lauter verschiedene Pendelfiguren! Entgegengesetzte oder gänzlich andere Linien als Dr. Weiß. Mit dessen Ergebnissen stimme ich viel besser überein, denn ich trenne bewusst Farbstoff von Farbe und dazu ist Dr. Weiß meines Erachtens unbewusst in seiner Praxis auch gekommen.
Ich habe daraufhin folgenden Versuch unternommen mit Pendeln aus Gold, Messing, Glas, Holz und Kautschuk.
Ein Stück rotes Glanzpapier liegt auf einer Linoleumunterlage, diese auf einem eichenen Tisch. Ich setze mich davor und strecke die Beine unter den Tisch. Da jeder genannte Stoff strahlt, so durchdringen sich die Strahlen von Farbe, Glanzpapier, Linoleum (Öl!), Eichenholz und Mann. Ich nehme der Reihe nach einen der genannten Pendel, halte ihn „ganz objektiv" ohne jeden Impuls, ohne Führung über das obenauf liegende Glanzpapier. Der Pendel bewegt sich ganz wenig, versucht es nach allen Seiten und weiß offenbar nicht, was er eigentlich soll. Verharre ich in diesem Zustand, so kommen schließlich alle möglichen Linien heraus, das Gefühl übermittelt telepathisch die Meinung des Pendels dahin gehend: „Wenn du nichts zu fragen hast, habe ich nichts zu sagen."
Jetzt übernehme ich die Herrschaft und verlange der Reihe nach: die rote Farbe an sich, das rote Glanzpapier, die Linoleumunterlage, das Holz des Tisches, mein rechtes oder linkes Bein. Ich fordere meine Frau auf, ihre Hand unter mein Bein zu halten und verlange die Frauenhand. Sofort reagiert der Pendel auf jedes Verlangen. Aufs Wort wechseln die Ausschläge, immer entsprechend der neu genannten Unterlage, bis zum männlichen Kreis und der weiblichen Ellipse.

Meine Frau ist sehr misstrauisch und zweifelt: Du beeinflusst den Pendel. „Bitte nachmachen." Zur Abwechslung kriecht unser Fritjof unter den Tisch und meine Frau wiederholt das ganze Experiment. „Ja, davon habe ich mich wider meinen Willen überzeugt, das kannst du sagen und verantworten!"
Ein Auto hat die Kraft, nach allen Richtungen zu fahren. Starte den Motor und überlasse den Wagen seinem Eigenwillen, er wird bald mit Unheil zertrümmert sein. Anders, wenn ein bewusster Wille ihn leitet. Das ist ein *Gleichnis*.
Stelle ich nun meine Gedanken um: Jeder Pendel hat selbst Strahlungen (diese sind sogar wenigen Sensitiven sichtbar), das Material des Pendels muss doch die Linien beeinflussen! So muss der Gedankengang von Johannes Zacharias gewesen sein. Ich wiederhole den Versuch mit dieser Voraussetzung und erhalte andere Linien. Das Pendelmaterial beeinflusst. Ich stelle meine Gedanken um: „Der Pendel hat nicht mitzureden, nur anzuzeigen." Sofort erhalte ich wieder die ersten richtigen Linien.
Das ganze Experiment ist also ein Beweis für die Behauptung: Jeder Forscher ist bewusst oder unbewusst von Voraussetzungen geleitet. Jedes Forschungsergebnis ist von der Voraussetzung des Forschers abhängig. Das gibt die Klärung für die untereinander völlig abweichenden Ergebnisse wissenschaftlich gebildeter, objektiv sein wollender Forscher.
Bei kleinen Wellen spiegelt sich der Himmel grau oder grün, die Kämme sind weiß, vor der Himmelsspiegelung die leuchtende weiße Fläche. Bei blauem Himmel erscheint demnach der See blau und weiß, an seichten Stellen blaugrün bis grün und weiß, bei hohen Wellen weiß-grün-blau. Oder bei grauem Himmel mit grauer Himmelsspiegelung.

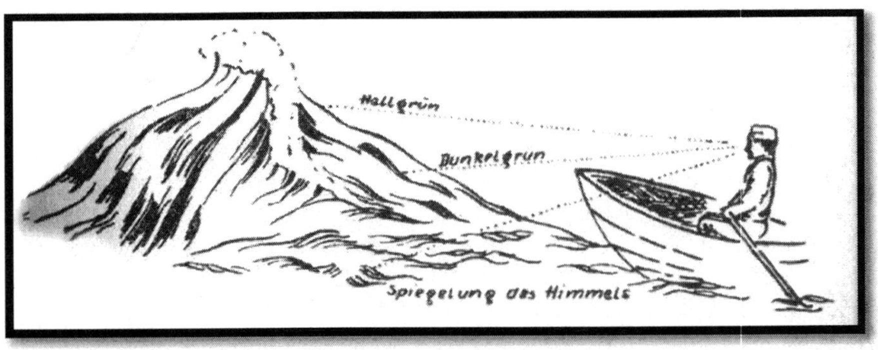

Weiß – Blau – Grün – Grau sind aber keine Farben des Wassers!
Mooriges, bräunliches Wasser wird bei Abendbeleuchtung ganz violett an Stelle von blau.
Der Himmel erscheint abends ganz grün, wenn in der Stratosphäre leichter Dunst ist und dahinter noch Sonnenstrahlen fallen.

Farbe regt zur Arbeit an

Leon Landone berichtet über Versuche mit Kindern in Zimmern mit *verschiedenfarbiger Beleuchtung.*

Bei *rotem* Licht wurde die doppelte Leistung erbracht.

Gelbes Licht schien auf das Gemütsleben von Einfluss zu sein und 50 % höhere Leistung.

Blaues Licht fördert Stille und Ruhe.

Graues Licht: mehr und bessere Arbeit bei weniger Ermüdung.

Farbige Wandbehänge bei halbstündlich wechselnder Beleuchtung vermehrten die Arbeitsleistung um fast 200 %, am Schluss waren keine Ermüdungserscheinungen bemerkbar.

Dr. med. R. Kröber veröffentlichte 1936 in der Nr. 1 der Zeitschrift „Der Heilpraktiker" eine sehr wichtige Studie über seine Erfahrungen mit einer neuen Methode der Farblichtbestrahlung, auf die ich alle Praktiker verweise. Ganz fraglos wird auch hier der Pendel stets das Zuträgliche vom Schädlichen zu unterscheiden vermögen.

Licht und Farben im Dienste des Volkswohls

Unter diesem Titel hat *Ewald Paul* bei Max Altmann in Leipzig eine sachverständige Schrift herausgegeben, auf die ich verweise und aus der ich einige Sätze anführe:

Behandlung von Leiden durch Farblicht nach Prof. Babbit:

- Gegen Blutandrang nach dem Kopf: blau auf Vorderkopf, blau und weiß auf Nacken und Hinterkopf.
- Gegen Gesichtsschmerz: blau auf Schläfen, Ohren, Gesicht.
- Gegen Lähmung: gelb und weiß auf den unteren Teil des Hinterkopfs und Rückgrat im Wechsel mit blau und weiß usw.
- Gicht wird durch gelb behandelt, um das Nervensystem anzuregen.
- Gegen positive Entzündung: blau.
- Hysterie ebenfalls durch blau.

So geht es eine ganze Liste weiter.

Wichtiger ist im Allgemeinen die vorbeugende Wirkung. Diese betrifft Vermeidung der stumpfen und grauen Farben, Einwirkung auf die Stimmung durch Frühlingsfarben in der Bemalung oder Tapezierung der Zimmer.

Da jede einzelne Veranlagung besondere Farbenwahl bedingt und kein Schema für alle passt, so greifen wir wieder zum Pendel und pendeln die Farben aus, als wenn sie Heilmittel wären. Es geht sehr gut!

Aber die Anwendung der Farben geht viel weiter, sie greift auch auf die Kleidung über.

Die Mode ... ja, die kann ich auch mit dem schönsten Pendel nicht vernünftiger gestalten. Wenn diese auf die Oberbekleidung bestimmend wirkt, so sei die Unterkleidung unser Feld.

Viele Leute leiden im Winter an kalten Füßen, ich ... in der Vergangenheit, als ich schwarze und graue Wollstrümpfe hatte, die das Kaltwerden nicht verhüteten. Jetzt habe ich hellfarbige, gelbe, und habe noch keine Stunde kalte Füße gehabt! Ich nehme ein Paar graue und kamelhaarfarbige Strümpfe und pendele sie für mich aus: Grau erhält Ablehnung, gelb wird eingekreist!

Füttert bei starker Sonnenhitze die Hüte mit orangefarbenem Futter, so gibt es keinen Sonnenstich und keine Belästigung!

Es ist ein großer Irrtum zu meinen, eine Farbe sei dem ganzen Körper gut! Im ersten Jahrgang der „Astralen Warte“ habe ich unter dem Namen „Astrologisch bestimmte Kleider“ Frauenkleider empfohlen, deren Farben im Garn von mir für jede einzelne Person ausgewählt und dann auf dem Handstuhl in einer Handweberei nach meinen Angaben gewebt wurden.

An Stelle langer Auseinandersetzung einfach das Experiment: Der Pendler beschaffe sich Garnproben in den verschiedensten Farben, in Garnhandlungen erhältlich. Er pendle nun nach Lichtbild oder lebender Person die Farben mit den

einzelnen Körperteilen aus und da wird er Wunder erleben! Etwa: Das Herz verlangt rot, die Lunge blau, der Magen grün ... Je nach der gesundheitlichen Beschaffenheit und der astrologischen Konstitution ändern sich die durch den Pendel ausgewählten Farben! Die Kunst besteht darin, aus diesem allen ein gesundheitlich vorteilhaftes und dennoch geschmacklich befriedigendes Kleidungsstück zusammenzustellen. Man kann ja leicht durch Stickereien Farbflecke anbringen, sie lassen sich auch durch geschickte Handweberinnen mit künstlerischer Vorbildung einweben. Jedenfalls wirkt das mehr, als etwa in eine russische Bluse die Planetenzeichen einzunähen, denn in jeder Wäsche geht alle Magie fort, nur die Wirkung der Farbe bleibt.
Alle Pendeluntersuchungen von Farben sind ohne Sinn, die nicht einem bestimmten Zweck dienen. Was nützen ganze Seiten mit Abbildungen von Pendelfiguren, wenn sie zwecklos sind?
Die anzuwendende Technik ist so einfach, es handelt sich immer um einkreisende Linien oder um ablehnende Querstriche. Es kostet doch nicht mehr, Befinden und Stimmung fördernde Farben anzuwenden, warum da schlecht wirkende nehmen!
Farbige Unterwäsche ist die erste Möglichkeit zur Anwendung. Warme Farben wirken auch erwärmend. Gelb verhindert die Einwirkung der ultravioletten Strahlungen, blau kühlt ab und macht schläfrig, grün macht ruhig – das sind so allgemeine Grundsätze, die nun nach Bedarf anzuwenden sind.
Nun hoffe ich, dass alle Pendler Farben auspendeln, um ihr Wohlsein zu vermehren.

Wirkung der Farben

Die materiellen Farben haben für uns keine Bedeutung, jedenfalls nicht mehr, als jedes andere Vorkommen. Uns fesselt nur die Frage von deren psychischen Wirkung. Darüber gibt es sehr viele Meinungen und ich bin zur Überzeugung gekommen, dass wohl diejenigen sich einigen werden, die unter gleichen astrologischen Konstellationen stehen, weil sie die Wirkung auf sich beurteilen. Sie werden aber falsch urteilen, wenn sie sich als Muster für die anderen hinstellen.

Soviel steht fest: Je mehr eine Farbe sich den wärmenden und empfundenen Sonnenstrahlen nähert, umso wärmer bis heißer ist sie und eben so auch positiv. Je mehr eine Farbe diese Strahlen zurückhält, umso kälter ist sie, sie ist negativ.

Auch hier gilt: Positiv ist trocken, ausscheidend, feindlich der vegetativen Masse. Negativ ist der Materie freundlich, aufsammelnd, befruchtend.

Rot und Gelb sind am stärksten positiv. Grün ist mäßig, ruhig, dämpfend, ohne zu verhindern. Blau ist rein negativ, kalt, unfruchtbar, verhindernd.

Daraus ergibt sich ohne weiteres die heilkundliche Anwendung. Wer an Kälte leidet, benötigt Rot und Gelb, wer unter fiebernder Hitze leidet, darf nur kaltes Blau, in schwächeren Fällen Grün haben.

Die folgende Aufstellung zeigt die Wirkung auf mich, vorwiegend kalt nach astrologischer Auffassung, da Aszendent, Sonne und Geburtsregent in irdischen Zeichen stehen. Da ich jedoch auch viele Planeten in luftigen Zeichen habe, so ist Blau als der Luft entsprechend in Mischung mit Gelb und Rot zulässig. Nicht allein! Wie ich überhaupt keine Einzelfarben auf mich wirken lassen darf, ohne seelisch verstimmt zu werden.

Mein Untersuchungsmaterial besteht aus 8 je etwa ½ Quadratmeter großen Platten, die ich von Frau Rosa Loup in Gonsenheim bezogen habe. Ich hänge bei Sonnenschein die Platten abwechselnd vor die Fensterscheibe und pendele die Strahlen aus. Dann setze ich mich davor und beobachte die durch die Farbe hervorgerufene seelische Stimmung.

Die Sonne allein gibt einen kräftigen Süd-Nord-Strich, der vom Pendel als günstig angegeben wird. Natürlich: Meine Veranlagung fordert als Ergänzung Licht und Wärme. Sonnenbestrahlung ist ein Bedürfnis für mich. Infolge dessen nimmt mein Befinden mit der Sonne zu und nimmt auch mit deren Verschwinden ab.

Die erste Untersuchung wird vorgenommen, indem ich den Pendel zwischen Augen und das durch die Farbplatten scheinende Sonnenlicht halte. Die zweite Prüfung erfolgt in Handhöhe. Es fällt der gerade Sonnenstrahl nicht auf den Pendel, es wird somit das durch die Farbplatte geblendete Licht ausgependelt. Da ergeben sich Pendellinien, die uns aus der Auspendelung von Medikamenten bekannt sind.

		I	II	**Psychische Wirkung**
Rot	sehr lebhaft	↕	◎	sehr positive Stimmung, mutig, unternehmend, Erregung
Hellgelb Goldgelb	minder lebhaft	↕	○	stechend, bissig rücksichtslos unternehmend
Hellgrün Dunkelgrün	schwach lebhaft	↕	∘	beruhigend, warm, gemütlich bedachtsam, überlegend, prüfend
Blau		↔	↔	kalt, trennend, Absonderung
Orange (Gold, Rot und Gold-gelb)		↕	○	schmerzhaft erregend, als wenn ein Entschluss aufgezwungen wird
Violett		⦶	↔	nachdenklich, ernst
Hellbraun		•	∘	ruhig, melancholisch
Braun (Gelb und Rot und Grün)		∘	○	klar, rührig, überlegend, sachlich

Wettereinflüsse

Es ist dichter Nebel. Dieser hat zur Folge, dass von allen Seiten ungünstige kosmische Strahlungen herankommen. Nur der Stärkegrad ist verschieden, von Ost und Süd am stärksten.
Nun hänge ich Farbplatten auf und pendele die „gefilterten“ Strahlen aus.

- Nach Norden rot: Ich erhalte starke *günstige* Linien!
- Nach Osten violett: Günstige Ausschläge!
- Nach Osten gelb: Neutralisierung, weder gut noch schlecht, der Pendel bleibt stehen.
- Nach Osten blau: Ablehnung.
- Nach Süden blau: Ablehnung.
- Nach Norden blau: Günstig.
- Grün neutralisiert bei mir.

Diese Veränderungen sind auf meinen Körper abgestimmt.
Bei meiner Frau z. B. wird Rot abgelehnt, dagegen sind Gelb und Grün bei ihr positiv günstig.
Die Farbplatten sind demnach geeignet, die üblen kosmischen Einstrahlungen zu verhindern. Das ist je nach Körperveranlagung und Wetterart verschieden, ganz abgesehen von den Einflüssen der Mondphasen. Daher kann keine Norm angegeben werden, das muss jeder Mensch für sich untersuchen.
Die Sonne verändert tagsüber, wie bereits ausgeführt, die Art der Einstrahlung, sie kann die ungünstige Ostlage vorübergehend günstig gestalten. Das hat möglicherweise auch seine kritischen Punkte. Ist die Ausstrahlung des Erdmagnetismus schwach, die Luft sehr trocken, dann wird die Einstrahlung zu stark (Wüstenklima!) und der Körper verträgt sie nicht lange. In einem solchen Fall wirkt ein Regenfall erlösend, belebend. Bleibt hingegen die Einstrahlung aus, verhindert durch Wolkendecken, dann tritt die Ausstrahlung stärker hervor. Man muss entsprechend mit Farbplatten ausgleichen.
Bei starker Einstrahlung muss ich abblenden, durch Gelb, Grün oder Blau. Bei Nebel und trübem Grau kommen rote Platten zur Anwendung, auch violette.
Die Wirkung ist schon durch die Veränderung des Landschaftsbildes ersichtlich. Betrachte die stumpfgraue Landschaft durch rote Platten, so bekommt sie Leben, sie wirkt erfreulich. Gelb macht sie etwas heller, aber nicht schöner.
Wer lange in starker Sonneneinstrahlung wandern oder arbeiten muss, tut gut, sich durch abwehrende Farben in der Kleidung zu schützen, also durch Gelb oder Orange.
Und Rot trage, wer Kälte, Eis und Nebel ausgesetzt ist.
Wie falsch erscheint uns nun die stumpfgraue Winterkleidung!
Nach diesen Gesichtspunkten kann jedermann für sich diejenigen Farben herausfinden, die für ihn unter den verschiedenen Wetterzuständen nützlich sind.

Versucht es! Dann werdet ihr mir glauben, dass ihr damit die Gesundheit fördert und Krankheiten ausweicht.
An Stelle von Farbplatten sind indanthrenfarbige[35] Vorhangstoffe möglich, Kunstseide wird von mir bevorzugt. Der Untersuchung dienen jedoch am Besten Farbplatten von Rosa Loup, Gonsenheim bei Mainz.

---

35 Indanthren ist ein synthetisch hergestellter Farbstoff mit höchsten Echtheiten (Wasch-, Licht- und Wetterechtheit) für Färbungen und Drucke spez. für Fasern auf Zellulosebasis. Indanthren®-gefärbte Stoffe werden mit dem gleichnamigen Warenzeichen ausgezeichnet. Die nach diesem Verfahren gefärbten Stoffe genügen höchsten Ansprüchen und besitzen ausgezeichnete Wasch-, Koch-, Licht-, Wetter- und Chlor-Echtheiten.
Zitiert nach: www.buurman.de/2999/2322.html. (rs)

Planeteneinflüsse im Experiment bewiesen

Dr. Kolisko am Goetheanum in Stuttgart unternimmt Versuche, die klarstellen sollen, ob und welche natürlichen Beziehungen zwischen den Planeten und den ihnen astrologisch unterstellten Metallen bestehen. Diese Beziehungen sind: Sonne = Gold, Mond = Silber, Saturn = Blei, Mars hingegen Eisen. Ferner gehören zusammen Venus und Kupfer, Jupiter und Zinn, Merkur und Messing oder Bronze.

Die Versuchsanordnung ist einfach. Es werden einprozentige Salzlösungen der Metalle hergestellt, wie Silbernitrat, Bleinitrat, Eisensulfat usw. In diese Salzlösungen werden Streifen Filterpapier gehängt, so dass das untere Ende des Papierstreifens hineintaucht. Die Flüssigkeit steigt im Papier auf und bildet bestimmte „Bilder“. Nun der Beweis: Bei verschiedenen Gestirnaspekten ändern sich diese sonst immer gleichartigen Bilder in eigenartiger Weise. Auch hier wieder stets übereinstimmend und eindeutig. Diese Beweise treffen in erster Linie die Lehren der Astrologie, aber auch die durch den Pendel nachweisbaren Strahlen!

Karl Preu in Nürnberg hat diese Versuche verbunden mit einer Untersuchung auf die Kraftwirkung der Feinkraftbilder von *Dr. Teltscher*. Diese Versuche werden mir vorgelegt, sie beweisen in der Tat den behaupteten Kraftstrom durch die eingetretene Veränderung der Tauchbilder. Herr *Preu* hat jeweils zwei Streifen Papier in eine Salzlösung gehängt, den einen Streifen jeweils durch ein Kraftbild von Dr. Teltscher bestrahlt.

Die Wirkung ist unverkennbar! So wird zunächst die Höhe der aufgezogenen Flüssigkeit dahin beeinflusst, dass diese erheblich größer ist. Dann bildet sich eine obere Grenze, die planetarische Einspannung, die Zeichnungen haben eine andere Formung, die Farbenverteilung ist kräftiger. In einem Fall bildet sich eine Kraftlinie in der Mitte des Bildes, die bei dem Gegenstück fehlt. Herr Preu bemerkt, die Entwicklung der Bilder sei unter der Einwirkung der Feinkraftstrombilder viel schneller vor sich gegangen.

Die für die Untersuchungen maßgebende Frage nach der Wirklichkeit der Feinkraftströme ist unzweifelhaft bejaht worden.

Über diese Sonderfrage hinaus ist auch die Wirklichkeit der kosmischen Strahlungen erwiesen!

Ich benutze diese Gelegenheit, um nochmals darauf aufmerksam zu machen, dass die kosmischen Einflüsse wechselnd sind. Nicht immer ist die östliche Richtung nachteilig – in der Regel nicht, wenn die Sonne von dort warm scheint. Deutlich sprechen sich die Wirkungen der Wettervorgänge aus. Immer strömt der Wind vom Hochdruck zum Niederdruck, immer hat dieser eine aufsteigende Regenfront, hinter der eine Warmzone ist. Immer dreht sich dabei der Wind vom Hochdruck im Uhrzeigersinn wirbelnd um das Tiefdruckgebiet. Ist das Tiefdruckgebiet im Westen, wie das bei uns in Deutschland meist der Fall ist, so kommt der Wind von Nord, Ost oder aus südlicher Richtung. Das bestimmt dann die Temperatur

und die Feuchtigkeit des Windes. Wenn daher im Winter ein scharfer, kalter und trockener Ostwind weht, schleudert der Wind sehr nachteilige kosmische Strahlungen vor sich her. Da kann die Sonne nicht ausgleichend wirken. Jedenfalls müssen wir den Wind als Treiber von kosmischen Strahlungen ansehen, von welcher Richtung her er auch kommt. Da kann es auch der Fall sein, dass diese Strahlungen heilsam sind! Es muss daher in jedem Fall erst die Wirkung mit dem Pendel ermittelt werden.
Es gibt Menschen, die wenig anfällig sind, andere sind dafür umso empfindlicher. Starke Nerven können etwas aushalten, worunter schwache zusammenbrechen. Wenn *Goethe* empfahl, durch eisernen Willen die Schwächeanwandlung zu überwinden, so setzt dies schon das Vorhandensein der erforderlichen Kräfte voraus, die dem Feinnervigen gerade fehlen. Da wird es eine heilkundliche Angelegenheit, nämlich zu versuchen, die Nerven zu stärken.
Darüber mehr in Band V.

Die Pendel-Bücher von A. Frank Glahn

Dass der Verfasser ein Fachmann auf dem Gebiet des Pendelns war, beweist die Tatsache, dass er als einziger die Erlaubnis hatte, als gerichtlicher Sachverständiger, das Pendel mit Erfolg in Strafangelegenheiten vor dem Schwur- und Landgericht anzuwenden. In sechs Bänden wird jeweils ein besonderes Gebiet ausführlich behandelt. Viele bildliche Darstellungen erleichtern das Verständnis: Über Metall, Mineral, Pflanze, Körper, Seele bis zum geistigen Pendeln erhält der Schüler eine überaus gründliche Ausbildung, die ihn befähigt, alle nur denkbaren Pendelversuche exakt auszuüben.

Der Gebrauch des Pendels (Band I)

Eine gründliche Einführung, die von Grund auf lehrt, wie der Pendel zu handhaben ist. Nicht nur Anfänger, auch der Fortgeschrittene kann hier noch viel lernen.

Aus dem Inhalt:

Der Gebrauch des Pendels – Strahlende Materie – Was ist der anzeigende Pendel? – Wer kann pendeln? – Ein grundlegender Versuch – Strahlenkräfte im Menschen – Die Auspendlung einer Person – Form und Beschaffenheit des Pendels – Pendelprüfungen – Seelische Beteiligung – Das übersinnliche Gebiet – Die Ausbildung zum Pendler – Für die ersten Versuche und vieles mehr.

88 Seiten, verschiedene Abbildungen, ISBN 978-3-89094-671-9

Metall, Mineral und Pflanze (Band II)

Jeder lebende und naturgewachsene Stoff sendet Strahlen aus. Wie mit dem Pendel allen diesen Erscheinungen nachgeforscht werden kann und wie sie zum Nutzen im menschlichen Leben verwendet werden, lehrt dieser Band.

Aus dem Inhalt:

Einige Vorsichtsmaßregeln für Pendler – Die Gradpendlungen – Der dynamische Kreis – Verschiedene Pflanzen und deren Teile – Verschiedene Nahrungsmittel – Einfluss der Körperstellung des Experimentierenden – Die Edelsteine – Die Gradtabelle der Edelsteine – Charakterlinien der Edelsteine – Pflanzenleben – Pflanzenwirtschaft – Künstliche Düngemittel – Auswahl der günstigsten Düngersorten – Zum Auspendeln von Pilzen – Pflanzenheilkunde – Pendeln im Gelände usw.

72 Seiten, verschiede Abbildungen, ISBN 978-3-89094-672-6

Natürliche Kräfte in Strahlungen (Band III)

Dieses Gebiet ist Neuland für die Pendelforschung. Es geht hier um die Kenntnis der bösartig wirkenden als auch der guten Strahlungen, seien es kosmische Strahlen, Strahlen von Planeten oder Erdstrahlen.

Aus dem Inhalt:

Sternstrahlungen – Pendlungen mit der Sonne, dem Mond und der Sterne – Erdmagnetismus – Messung der radioaktiven Strahlungen – Astrale Einflüsse – Konservierte Strahlen – Lebenskraftstrahlen – Feinkraftflüsse des Weltraums – Mit dem Pendel durch die Wohnung – Wirkung der Farben – Wettereinflüsse – Planeteneinflüsse mit dem Pendel bewiesen und vieles mehr.

72 Seiten, verschiede Abbildungen, ISBN 978-3-89094-673-3

Seele und Geist – Charakter und Anlagen (Band IV)

Hier lernt der Pendelkundige mit dem Pendel die geistigen und intellektuellen Fähigkeiten sowie die Charaktereigenschaften zu beurteilen.

Aus dem Inhalt:

Ratschläge und Merkmale für Sensitive – Auspendlung von Geistern und Materialisations-Erscheinungen – Auspendlung von Medien – Zur Erforschung des Charakters – Abneigung und Zuneigung – Wirkungen aus früherem Dasein – Die Auspendlung des Körpers – Der Pendel als Beweisinstrument in der Strafrechtspflege – Der Pendel bei der Berufsberatung – Charakterpendlungen – Die Gedankenformen und ihre Auspendlung – Erkennung medialer Personen – Auspendeln des Wertes von Büchern – Ermittlung des Alters – Der Pendel in der Wohnung und vieles mehr.

128 Seiten, verschiede Abbildungen und 16 Bildbeilagen, ISBN 978-3-89094-674-0

Der Körper, Krankheit und Heilmittel (Band V)

Für die praktische Auswertung des Pendels ist dieser Band von größter Wichtigkeit. Es wird dem Heilkundigen gezeigt, wie der Pendel als wichtiges Hilfsmittel bei der Diagnose und bei der Auswahl der richtigen Heilmittel gebraucht wird.

Aus dem Inhalt:

Vor dem Menschen Pflanzen und Tier – Der Mensch und seine Beschaffenheit – Anatomie des Menschen – Die Auspendelung des Körpers – Auspendeln von Krankheiten – Auspendeln eines Astralkörpers – Das Abfragen von Krankheiten nach verschiedenen Methoden – Od-Auspendelungen – Pendel und Medizin – Verschiedene Wirkung einer Arznei auf den Stoffkörper und Astralkörper – Wahl der Heilmittel – Abfragen von Heilmitteln – Das Auspendeln von Speisen – Die Kontrolle der Heilmittel – Tierheilkunde und vieles mehr.

128 Seiten mit vielen Abbildungen,
ISBN 978-3-89094-675-7

Magie der Symbole – Der spirituelle Pendel – Radio des Geistes (Band VI)

Auch in diesem Band wird ein Gebiet durchforscht, das bisher in der Literatur noch keinen Niederschlag gefunden hat. Es werden Kräfte untersucht, die märchenhaft erscheinen. Es ist für alle jene geschrieben, die unsichtbare geistige Kräfte höher bewerten als die vergänglichen materiellen.

Aus dem Inhalt:

Magische Kräfte – Magie der Symbole – Die Tierkreiszeichen – Planetensymbole – Verschiedene Symbole aus der Clavicula Salomonis (Zauberbuch) – Verbindung der Symbole untereinander – Magische Buchstaben – Die mystischen Alphabete – Magische Gesten – Belebte Gedankenformen – Amulette, Buchstabenkräfte – Besonders wichtige Symbolverbindungen – Symbole aus Pendelfiguren – Was nicht ausgependelt werden kann – Der spirituelle Pendel – Pendel-Orakel und vieles mehr.

88 Seiten mit über 100 Abbildungen,
ISBN 978-3-89094-676-4

Weitere Bücher von A. Frank Glahn

Seit vielen Jahren schon zählt das „Deutsche Tarotbuch" von A. Frank Glahn zu den gesuchtesten und seltensten Büchern. Es war während der NS-Zeit verboten und wurde eingestampft.
Das Tarotbuch von Frank Glahn ist kein Kartenlege- und Kartendeutungsbuch im üblichen Sinne, sondern ein Buch der Lebensweisheit und Erkenntnis. Nicht dem *Anschauer*, sondern dem wissenden *Durchschauer* der Zukunft ist es geschrieben. Es sagt nicht: Pass auf, das trifft ein! Sondern: handle so oder so und gestalte selbst die künftigen Ereignisse.
Der Autor schreibt in seinem Buch: „Wer das Spiel Thot oder Tarot gelernt hat, der gehört zu den weisesten im Volke. Das Reich Gottes ist darin dargestellt und alles, was vorher war und kommen wird."
Das Tarot stellt ein vollkommenes Gleichnis der Welt dar. Alle menschlichen und irdischen Dinge, alle natürlichen und übernatürlichen, sind gleichsam offenbar und wartet auf den Gebrauch durch den Meister. Alle dargestellten Bilder sind mystische Symbole, die in Verbindung mit Zahlen und Buchstaben das ganze Weltbild darstellen und alle eine tiefe Bedeutung haben. Durch Versenkung und Meditation über diese Symbole beginnen die Bilder zu „sprechen" und der Fragende erhält Auskunft über das, was ihn bewegt. So wird der Tarotkundige zum weisen Magier; er gewinnt Einsicht in die Geschehnisse, er entwirrt die Fäden des Zufalls und kann sich und anderen Aufklärer und Wegweiser sein.

Das deutsche Tarotbuch *von A. Frank Glahn,* ISBN 978-3-89094-452-4

* * * * *

Weitere Informationen zu Neuerscheinungen unter:

www.magick-pur.de